JN066243

教職をめざす
人のための
特別支援教育

基礎から学べる
子どもの
理解と支援

編著▶杉中拓央・呉 栽喜・松浦孝明

福村出版

はじめに

　「特別支援教育」とは、「障害のある幼児児童生徒の自立や社会参加に向けた主体的な取組を支援するという視点に立ち、幼児児童生徒一人一人の教育的ニーズを把握し、その持てる力を高め、生活や学習上の困難を改善又は克服するため、適切な指導及び必要な支援を行うもの」です（中央教育審議会「特別支援教育を推進するための制度の在り方について（答申）」〈平成17年〉より）。

　本書を手に取っている皆さんも、暑がりであるとか、寒がりであるとか、感じ方は人それぞれですね。あるいは、情熱的であったり、冷静であったり、性格もさまざまでしょう。仲間と語り合いながら、問題を解決することが好きな人もいれば、黙々と教科書を読むことで、知識を蓄えていくことが得意な人もいるでしょう。あなたがこれまでに通った学校で、この先生の授業は面白いなあ、集中できるなあとか、逆に、こんな風に進めてくれたらもっといいのになあ、などと考えたことはありませんか？　特別支援教育は、そのような学習、学生生活に潜む課題を拾い上げ、一人一人に合った支援について考えていく教育です。すなわち、私たち誰もがもっている「個性」を理解し、それが活かせるように配慮を重ねていくことです。ゆえに、特別支援教育は、すべての教育に通じているのです。

　近年わが国は、少子高齢化、共働き世代の拡大、国際化、医療技術の発展等の影響を受けて、子どもたち一人一人がもつ教育的ニーズも多様なものとなっています。今日の特別支援教育は、医学的な障害のある・なしにかかわらず、貧困の状況に置かれている子どもや、外国にルーツをもつ子ども、医療的ケアを必要とする子どもなど、さまざまな背景を包み込んでいくこととなります（インクルーシブ教育）。まさに、一人一人がもつ個性を認め合い、共生していく時代です。皆さんの夢や目標は何ですか？　今、悩んでいることや困っていることはありませんか？　そこにはきっと、二つと同じものはないでしょう。特別支援教育では、そのような個性を丁寧に捉え、一人一人が活躍するためには、どのように教育活動をしていくべきであるのかを考えます。

本書を読み終え、より詳しく知りたいという方は、各章にある文献リストを活用してください（インターネットで参照できる文献がたくさんあります）。わが国の特別支援教育には、まだまだ課題も多く残されています。一人一人が活躍できる共生社会の実現を目指して、新しい時代の特別支援教育をみんなで考えていきましょう。わずかの工夫で、子どもたちの課題が解決されることもあります。その仕掛けを考えていくのは、ほかならぬ皆さんです。

目 次

第3部
さまざまな障害を有する子ども

第1部
特別支援教育とは

第1章

特別支援教育の歴史と諸概念

杉中 拓央

1. 障害児教育の草創期

　特別支援教育はかつて、特殊教育と呼ばれていました。わが国の障害児に対する教育は、明治の初期、京都・東京・大阪における盲・ろう教育から始められました（北野, 1979）。明治11（1878）年の京都を皮切りとして、各地で盲唖院（視覚障害・聴覚障害の子どものための学校）が設立されていくこととなります。そして、明治43（1910）年には東京聾唖学校が設置され、盲・ろう教育の分離が行われました。大正12（1923）年には文部省（現・文部科学省）から「公立私立盲学校及聾唖学校令」が出され、自治体に盲学校、ろう学校の設置義務や経費負担が課せられ、設備が充実していきます（西永, 2016）。

　他の障害に目を向けると、明治22（1889）年に、三重県の尋常師範学校に脚気（ビタミンB1の不足により体調不良を引き起こす）の子どもを対象とした教育が開始され、これが病弱教育の原点とされています。また、明治23（1890）年に松本市の尋常小学校に落第生を対象とした学級が生まれ、知的障害特殊学級の祖となりました（廣瀬, 2019）。そして明治24（1891）年には、わが国最初の知的障害児者のための福祉施設、滝乃川学園が創設されました。その他、肢体不自由児に対する福祉施設としては、大正10（1921）年に柏学園が設立され、昭和7（1932）年には東京市立光明学校が、わが国初めてとなる肢体不自由教育を開始しています。

　しかし、明治5（1872）年の公教育の成立以降、障害児・者は長く教育の対象と認められていませんでした。例えば、身体障害者は「不具廃疾」、知的障害は「白痴」などと称され、社会参加する力をもたない存在として扱われてきたのです。そして、昭和16（1941）年の太平洋戦争勃発時に「国民学校令」が交付されたときも、障害児は教育の対象外に置かれました（八幡, 2006）。

2.「分離」の時代

　昭和22（1947）年の学校教育法によって、障害児に対する各学校の設置が義務づけられることになりますが、戦後の混乱、財政逼迫もあり、設置の施行期日は学校種ごとに別途、定められることとなりました（川北, 2014）。

　このことによって、法令制定時点ですでに多くの校舎をもち、かつ関係者による働きかけのあった盲・ろう学校は昭和23（1948）年度より義務教育となりました。しかし、知的障害や肢体不自由などの養護学校の設置については延期され、各自治体に設置義務が課せられたのは昭和54（1979）年のことでした。この瞬間、これまで教育の対象外であった、すべての障害児に対する義務教育が成立することとなります。

　その一方で、この頃には、養護学校の義務制実施に対して、対象となる障害児の保護者が反発し、地域の小・中学校の通常の学級への入級を強く希望するといった事例も相次ぎました（篠原, 1979）。このことから、当時、わが子が養護学校に就学するという事実は、学習機会の保障や、障害児の個性に寄り添った教育の実現といった点よりも、他の子どもから差別・分離された場に置かれるという考えが色濃く、保護者によっては、否定的に捉えられていたことがうかがえます。

　これは、1970年代に展開された、わが国のコロニー政策とも無縁ではありません。昭和24（1949）年、糸賀一雄をはじめとする教育者たちは、成長して児童福祉施設を退所した精神薄弱者（知的障害者）の人格形成の場、社会保障的な保護が行われる集団生活の場として、「コロニー」を構想しました。

　当初、コロニーは十数名の精神薄弱者を一団として、指導者の下、教育し、社会への橋渡しを目指す場と位置づけられていました（船本, 2018）。昭和35（1960）年に精神薄弱者福祉法（現・知的障害者福祉法）が制定されるまで、その福祉をもたなかった障害当事者を、戦後の混乱から守るという側面もあったといえます。その後、コロニー構想は重度重複障害児・者の福祉政策に対する社会的関心の高まりを受けるなど膨張し、昭和42（1967）年には、国立コロニーの建設工事が着手されました。その過程において、2000人ほどを収容

表1　特別支援教育の成立過程と周辺

和暦（西暦）	出来事
昭和22（1947）	学校教育法制定 （盲・ろう・養護学校、小・中学校の特殊学級→制度化）
昭和23（1948）	盲・ろう学校　就学義務化
昭和54（1979）	養護学校　就学義務化（及び訪問教育の本格実施）
平成 5（1993）	「通級による指導」制度化
平成14（2002）	就学制度改正（「認定就学」制度化等）
平成17（2005）	発達障害者支援法施行
平成18（2006）	LD、ADHDも通級の対象となる（併せて自閉症が明記される）
平成19（2007）	**特別支援教育の本格的実施**（特殊教育から特別支援教育へ） 特別な場で教育を行う「特殊教育」から、一人一人のニーズに応じた適切な指導及び必要な支援を行う「特別支援教育」に発展的に転換。盲・ろう・養護学校から特別支援学校、特別支援学校のセンター的機能、小・中学校等における特別支援教育　など 障害者の権利に関する条約署名
平成21（2009）	特別支援学級の対象に自閉症を明記
平成23（2011）	障害者基本法改正 （障害者の権利に関する条約への対応→十分な教育が受けられるようにするため可能な限り共に教育を受けられるよう配慮、本人・保護者の意向を可能な限り尊重する　など）
平成24（2012）	中央教育審議会初等中等教育分科会報告（共生社会の形成に向けたインクルーシブ教育システム構築のための特別支援教育の推進→就学相談・就学先決定の在り方、合理的配慮、多様な学びの場の整備、教職員の専門性向上　など）
平成26（2014）	障害者の権利に関する条約批准
平成28（2016）	障害者差別解消法施行

※ 文部科学省（2017）を筆者補筆

する規模のコロニーが登場するなど、当初の構想とは異なる点が生じます。先導した糸賀一雄はこの頃、国立コロニーの設置委員を務めながらも、その大規模化や、隔離等に対する不安を繰り返し述べていました（船本, 2018）。しかし、コロニーは姿形を変え、次第に障害児者と地域社会とを分け隔てることとなります。当時の「分離」した障害児教育も、このようなイメージの中で捉えられていたのです。

3. ノーマライゼーション（Normalization）

　ここまで見てきたように、わが国の障害児教育・障害者福祉は分離を維持し

たまま、1980年代を迎えます。国際連合は、昭和56（1981）年を障害者の「完全参加と平等」をテーマに掲げた「国際障害者年」とし、続く昭和58（1983）年から平成4（1992）年までを「国連・障害者の十年」と位置づけました。国際連合では昭和46（1971）年に「精神薄弱者の権利宣言」、昭和50（1975）年に「障害者の権利宣言」を採択しており、それを実現するための具体的なアクションが国際障害者年ということになります。このことにより、障害者の「完全参加と平等」について、世界的に関心が高まることとなりました。これを受けて、わが国においても、昭和57（1982）年に「完全参加と平等」を念頭に置いた「障害者対策に関する長期計画」が策定され、昭和59（1984）年には身体障害者福祉法が改正されます。

　上述した2つの権利宣言、そして国際障害者年の根幹となったのは「ノーマライゼーション」の考え方です。ノーマライゼーション（Normalization）とは「標準化・正常化」、または「常態化」という意味の言葉です。ノーマライゼーションの原理は、昭和21（1946）年、スウェーデン社会庁の報告書に取り上げられ（河東田, 2005）、昭和28（1953）年、デンマークの社会省にいたバンク＝ミケルセン（N. E. Bank-Mikkelsen）によって推進されました。当時、北欧においては知的障害者を収容する大型施設があり、彼らは隔離・管理された生活を送っていました。このことは、1960〜1970年代のわが国に重なる部分があります。この様子に疑問をもったバンク＝ミケルセンは、知的障害児の親の会と共に「障害があっても他の子どもと同じく、ノーマルに生活できるよう支援すべき」と声を上げました。すなわち、ノーマライゼーションの考え方は障害のある人たちの「脱施設化」を支える動きとなり、社会に変化をもたらしました。そして、彼らの運動は、1959年法といわれるデンマークの知的障害者福祉法に、ノーマライゼーションの理念を盛り込むことで結実します。その後、ノーマライゼーションの考え方は、スウェーデンのベンクト・ニィリエ（Bengt Nirje）によって整理されたことで（表2）、福祉の基礎的概念となりました。

　世界的にノーマライゼーションの流れが台頭するなか、わが国の特殊教育は、まず障害の有無によって子どもを分ける「分離教育」として批判を受けます。代わって支持を集めたのが「統合教育」で、これは、障害のある子どもと

表2　ニィリエのノーマライゼーション

①1日のノーマルなリズム
朝ベッドからおきること。たとえ君に重い知的障害があり、身体障害者であっても洋服を着ること。そして家を出、学校か、勤めに行く。ずっと家にいるわけではない。朝、君はこれからの1日を思い夕方、君は自分のやり遂げたことをふりかえる。1日は終わりなく続く単調な24時間ではない。君はあたりまえの時間に食べ、普通の洋服を着る。幼児でないなら、スプーンだけで食べたりしない。ベッドではなく、ちゃんとテーブルについて食べる。職員の都合でまだ日の暮れぬうちに夕食をしたりはしない。

②1週間のノーマルなリズム
君は自分の住まいから学校や仕事場に行く。そして、別の所に遊びに行く。週末は楽しい集いがある。そして月曜日にはまた学校や職場に行く。

③1年間のノーマルなリズム
決まりきった毎日に変化をつける長い休みもある。季節によってさまざまな植物、仕事、行事、スポーツ、余暇の活動が楽しめる。この季節の変化の中で私たちは豊かに育てられる。

④ライフサイクルにおけるノーマルな発達的経験
あたりまえの成長の過程をたどること。子どもの頃は夏のキャンプに行く。青年期にはおしゃれや、髪型、音楽、異性の友達に興味を持つ。大人になると、人生は仕事や責任でいっぱい。老年期はなつかしい思い出と、経験から生まれた知恵にあふれる。

⑤ノーマルな個人の尊厳と自己決定権
自由と希望を持ち周りの人もそれを認め、尊重してくれること。大人は、好きなところに住み、自分に合った仕事を自分で決める。家にいてただテレビを見ていないで、友達とボーリングに行く。

⑥その文化におけるノーマルな性的関係

⑦その社会におけるノーマルな経済的水準とそれを得る権利

⑧その地域におけるノーマルな環境形態と水準

※　森（2018）を参考に筆者作成
　　⑥〜⑧を含む全文は森（2018）を参照

ない子どもを通常の学級で、共に教育する考え方です。海外ではインテグレーション（Integration）やメインストリーミング（Mainstreaming）と呼ばれました（髙橋・松﨑, 2014）。

　平成5（1993）年、わが国は心身障害者対策基本法を改正し、障害者基本法としました。ここでは、障害のある者の社会参加の促進と、それに伴う国や自治体の責務が明示されました。特殊教育の文脈においては、同年「通級による指導」（第12章を参照）が制度化され、先に述べた統合教育を促していくことになります。しかし、通常の学級で障害のある子どもを指導する教員の専門性やケアする人材資源を欠くなど、統合教育にも課題がありました。

4. 特別支援教育への転換

　平成6（1994）年、スペインのサラマンカにおいて、特別ニーズ教育に関する世界会議が行われ、「万人のための教育（Education for All）」という目標が掲げられ、インクルーシブ教育（包み込む教育）の推進が議論されました。ここで宣言されたサラマンカ声明では、障害のある・なしを問わず、広く存在している「特別な教育的ニーズ」に対する施策を推進していくことが述べられました。特別な教育的ニーズとは、昭和53（1978）年にメアリー・ウォーノック（Mary Warnock）を議長とする障害児教育の調査委員会が報告したもので、障害を医学的な側面だけで判断せず、子どもの教育的ニーズについて、複層的に捉えていこうという概念です。すなわち、サラマンカ声明の要点は、障害のある子どもとない子どもを分けて扱うことや、その学びの場をいたずらに統合するのではなく、一人一人の個性を包み込み、彼らが有する個別の教育的ニーズを把握することで、生活上、学習上の課題を解決していこうというものです。

　このような流れの中で、平成14（2002）年にはわが国の就学制度が改正され、「認定就学」が制度化されました。これは、受け入れ態勢が整っていれば、障害のある子どもが地域の小・中学校に就学することを可能にする措置です。この頃、文部科学省は、従来の特殊教育を「特別支援教育」という呼称に変更すべく議論を重ね、平成15（2003）年に文部科学省は「今後の特別支援教育の在り方について」の報告において、特別支援教育は、これまで特殊教育が対象としてきた障害のみならず、発達障害のある子どもの教育的ニーズを把握することの必要性について言及しました。

　続く平成17（2005）年に中央教育審議会が「特別支援教育を推進するための制度の在り方について」の答申をしました。ここでは、盲・ろう・養護学校制度の見直しや、特別支援学校への名称変更が述べられたほか、特別支援学校を地域の拠点と位置づけ、通常の教育機関の教員に対する支援や、福祉・医療・労働機関等との連絡・調整等も担う「センター的機能」をもたせることについて言及がありました。

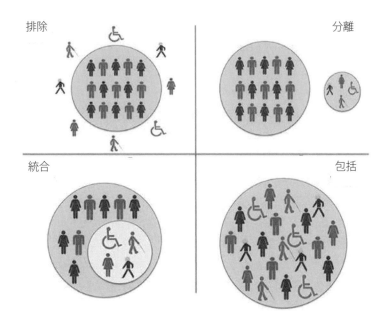

図1　排除→分離→統合→包括（インクルージョン）の流れ

※ Smith（2014）を筆者改変

　この頃の特別支援教育は、先述した海外の特別ニーズ教育に範を取ろうとしていましたが、理念が先行し、財源や教員の専門性等の不足に関する指摘（髙橋, 2004）や、こうした状況が、結果として「分離教育」を加速させているという事実等の指摘（古山, 2011）もありました。

　同じ平成17（2005）年には、特別支援教育周辺の話題として、発達障害者支援法の施行がありました。この法律では、発達障害（自閉症やアスペルガー症候群といった広汎性発達障害、注意欠如／多動性障害、学習障害）が初めて定義されました。そして、発達障害者の早期発見・早期対応、学校教育における支援などが規定されました。これにより、それまでにも少なからず学級の中に存在しながら、関連する法律がなく、制度の狭間（滝村, 2006）に置かれていた発達障害のある子どもにも焦点が当たることとなりました。そして、発達障害のある子どもは翌年より、通級による指導の対象に含まれることになります。

そして、平成19（2007）年4月、改正学校教育法が施行され、特別支援教育が本格的に実施されます。

　特別支援教育の実施にあたり、盲・ろう・養護学校の名称はそれぞれ「特別支援学校」に一元化されることとなりました。

　以上のように、わが国の障害児教育は、特殊教育から特別支援教育へと変遷する過程において、諸外国の教育や福祉に対する論議を踏まえつつ、排除→分離→統合→包括（インクルージョン：Inclusion）と、目指す教育の形を変えていきました（図1）。

5. インクルーシブ教育システム

　特別支援教育の本格実施をみた平成19（2007）年、わが国は平成18（2006）年の国際連合総会で採択された「障害者の権利に関する条約」（以下、障害者権利条約という）に署名し、翌平成20（2008）年に発効、平成26（2014）年に批准（最終的な合意）されます。この条約は「全ての障害者によるあらゆる人権及び基本的自由の完全かつ平等な享有を促進し、保護し、及び確保すること並びに障害者の固有の尊厳の尊重を促進すること」を目的とし、それを実現するための措置等について定めたものです。条約の第4条には「この条約において認められる権利の実現のため、全ての適当な立法措置、行政措置その他の措置をとること」という文言があります。すなわち、目的を達成するためには、法律の裏づけが必要となるということです。これを受けて、わが国は障害者基本法を平成23（2011）年に改正します。

　「障害者権利条約の締結に必要な国内法の整備を始めとする我が国の障害者に係る制度の集中的な改革の推進を図る」ことを目的とする閣議決定（平成22〈2010〉年6月29日）には「障害のある子どもが障害のない子どもと共に教育を受けるという障害者権利条約のインクルーシブ教育システム構築の理念を踏まえ、体制面、財政面も含めた教育制度の在り方について、平成22年度内に障害者基本法の改正にもかかわる制度改革の基本的方向性についての結論を得るべく検討を行う」との一文があります。これによって、行政上においてもその概念が明文化された特別支援教育は、真に特別な教育的ニーズを満たすた

表3　共生社会の形成に向けたインクルーシブ教育システムの構築

・「共生社会」とは、これまで必ずしも十分に社会参加できるような環境になかった障害者等が、積極的に参加・貢献していくことができる社会である。それは、誰もが相互に人格と個性を尊重し支え合い、人々の多様な在り方を相互に認め合える全員参加型の社会である。このような社会を目指すことは、わが国において最も積極的に取り組むべき重要な課題である。
・障害者の権利に関する条約第24条によれば、「インクルーシブ教育システム」（inclusive education system、署名時仮訳：包容する教育制度）とは、人間の多様性の尊重等の強化、障害者が精神的及び身体的な能力等を可能な最大限度まで発達させ、自由な社会に効果的に参加することを可能とするとの目的の下、障害のある者と障害のない者が共に学ぶ仕組みであり、障害のある者が「general education system」（署名時仮訳：教育制度一般）から排除されないこと、自己の生活する地域において初等中等教育の機会が与えられること、個人に必要な「合理的配慮」が提供される等が必要とされている。
・共生社会の形成に向けて、障害者の権利に関する条約に基づくインクルーシブ教育システムの理念が重要であり、その構築のため、特別支援教育を着実に進めていく必要があると考える。
・インクルーシブ教育システムにおいては、同じ場で共に学ぶことを追求するとともに、個別の教育的ニーズのある幼児児童生徒に対して、自立と社会参加を見据えて、その時点で教育的ニーズに最も的確に応える指導を提供できる、多様で柔軟な仕組みを整備することが重要である。小・中学校における通常の学級、通級による指導、特別支援学級、特別支援学校といった、連続性のある「多様な学びの場」を用意しておくことが必要である（第13章に詳しい）。

※　文部科学省（2012）を筆者補筆

めの教育となるべく、新たな段階へと向かうことになります。

　「インクルーシブ教育システム（inclusive education system）」（署名時仮訳：包容する教育制度）とは、「人間の多様性の尊重等の強化、障害者が精神的及び身体的な能力等を可能な最大限度まで発達させ、自由な社会に効果的に参加することを可能とするとの目的の下、障害のある者と障害のない者が共に学ぶ仕組み」であり、障害のある者が「general education system」（署名時仮訳：教育制度一般）から排除されないこと、自己の生活する地域において初等中等教育の機会が与えられること、個人に必要な「合理的配慮」が提供される等が必要とされています（表3）。

　平成24（2012）年、中央教育審議会初等中等教育分科会は「共生社会の形成に向けたインクルーシブ教育システムの構築のための特別支援教育の推進」を報告しました。インクルーシブ教育システムの根幹は、特別な教育的ニーズのある子どもに適切な学びの場を提供するため、スロープや手すりをつけたり、校内の案内表示を誰にでもわかりやすいものにしたりするなどの基礎的な環境整備を行ったうえで、一人一人に合わせた「合理的配慮」を行うことです。そして、その推進の担い手となるのが、特別支援教育であることが位置づ

表4　合理的配慮の提供事例

事例	支援
文章を読むことが苦手	読書補助具を用いたり、必要な箇所にマーカーを引いたりする
計算することが苦手	マス目ノートやプリントを用意する、目に見える形（図、絵、具体物等）に置き換える
感覚が過敏で、学校行事に参加できない	イヤーマフ（耳あて）などを用いて感覚刺激への負担を軽減したり、クールダウンスペースを設ける
整理整頓が苦手	教科別にノートやファイルの色を変えたり、教科ごとに必要なものをクリアケース等にまとめておく
集中が継続しない	目から入る刺激を減らすため、黒板や教室前面の掲示物を最小限にしたり、目隠しをしたりする

※　千葉県教育委員会（2020）を参考に筆者補筆

けられました。

　ここで登場する「合理的配慮」という言葉は、障害者権利条約の第2条に「障害者が他の者との平等を基礎として全ての人権及び基本的自由を享有し、又は行使することを確保するための必要かつ適当な変更及び調整であって、特定の場合において必要とされるものであり、かつ、均衡を失した又は過度の負担を課さないものをいう」と定義されています。また、学校における合理的配慮については、中央教育審議会初等中等教育分科会の特別支援教育の在り方に関する特別委員会報告（平成24〈2012〉年7月）において「障害のある子どもが、他の子どもと平等に『教育を受ける権利』を享有・行使することを確保するために、学校の設置者及び学校が必要かつ適当な変更・調整を行うこと」と定義されています。具体的な例を表4に挙げます。このように、合理的配慮を必要とする子どもは、医学的な障害のある・なしにとどまりません。

6. 合理的配慮と「障害の社会モデル」

　合理的配慮のポイントは、障害のある子どもの状態を訓練や治療によって変えるのではなく、教育機関も変更・調整を行うという点にあり、これは「障害の社会モデル」に基づく考え方です（高橋・高橋, 2015）。障害の社会モデルは「障害は環境によって作られる」という考え方であり、これに対し、「障害の医学モデル」は「障害は本人にある」と考え、それを改善する手段は個人の自助

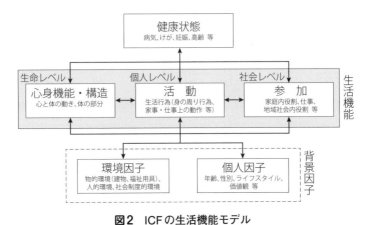

図2　ICFの生活機能モデル

※　大川（2009）をもとに筆者作成

努力やリハビリテーションによるものであると捉えます。

　これらの観点を統合したモデルが、国際生活機能分類（ICF）です。合理的配慮を考えるうえでは、生活機能モデルが参考になります（図2）。ICFは人間の生活機能を「心身機能・構造」「活動」「参加」に分け、それらと互いに影響し合う背景因子（環境・個人）があると考えます。例えば、読者の中にも、視力の低い人がいると思いますが、眼鏡やコンタクトレンズ（環境因子）を用いることで、日常生活（活動）を送ることができています。もし、この世にそれらの道具が存在しなければ、視力の低い人は文章が読めなかったり、移動に課題があったりして、何らかの活動や社会参加は十分にできないことになります。そして、視力が0.01であるのなら、その人の心身機能・構造は、視覚障害を有している状態にあると解釈することもできます。また、背の低い人は高いところに手が届きませんが、もし近くに踏み台があれば結果は違います。環境によって、誰にも不便さやハンディキャップが生じるということです。今は何気なく歩いている道も、足を骨折したらどうなるでしょうか。慣れない言語の国や地域を旅行して、その街角に立つとき、あなたは十分に言葉を操ることができないかもしれません。つまり、健康な人も、今はたまたま健康体なのであって、社会的・技術的な制約や、時間の経過、場面や状況、自身の性格等が互いに絡み合うことで、社会参加に対する障害をもつ可能性があるというこ

とです。つまり、同じ人間であっても、取り巻く環境がどのようなものであるかによって、その感じ方は大きく変わります。そして、そのことをICFの生活機能モデルに当てはめてみたとき、背景因子や個人因子にも影響があるでしょう。このように、ICFとは障害の有無にかかわらず、対象となる者の生活の仕組みを示すためのモデルなのです。

　最後になりますが、インクルーシブ教育は通常の教育に対する「全参加」を求めるのではなく、障害・課題のある子どもの一人一人の教育的ニーズに応じた参加形態を弾力的に考えていく必要があります。合理的配慮は特定の個別的な環境や、それぞれの子どもに応じて用意されるものであり（西村・池本, 2011）、医学的な障害の軽重や課題といった、子どもの個別性を踏まえることも大切です。まずは目の前の子どもの状況をICFで可視化・整理し、そのうえで、一人一人に合わせた合理的配慮を考えていきましょう。

●引用・参考文献

千葉県教育委員会．（2020）．合理的配慮事例集〜小中学校の通常の学級に在籍する発達障害の可能性のある児童生徒の事例を中心に〜．

船本淑恵．（2018）．糸賀一雄のコロニー論に関する考察．大阪大谷大学紀要, *52*, 191-203.

廣瀬由美子．（2019）．特別支援教育の理念と制度．廣瀬由美子・石塚謙二（編著），アクティベート教育学 07　特別支援教育．ミネルヴァ書房．

河東田博．（2005）．新説 1946 年ノーマライゼーションの原理．立教大学コミュニティ福祉学部紀要, *7*, 13-23.

川北稔．（2014）．障害をめぐる専門的知識と教育（1）　養護学校義務化と『福祉労働』誌．愛知教育大学研究報告（教育科学編）, *63*, 179-187.

北野与一．（1979）．私立金沢盲啞院に関する一考察──設立者松村精一郎を中心に．特殊教育学研究, *17*, 1-8.

古山萌衣．（2011）．わが国の障害児教育におけるパラダイム変化とその課題．名古屋大学大学院人間文化研究, *14*, 99-113.

文部科学省．（2012）．中央教育審議会「共生社会の形成に向けたインクルーシブ教育システムの構築」（報告）.

文部科学省．（2017）．特別支援教育に関する基礎資料．

森真喜子．（2018）．共生社会をひらく──精神保健看護の可能性．日本精神保健看護学会誌, *27*（2）, 69-73.

西村修一・池本喜代正．（2011）．ICF と合理的配慮との関連性──個人のニーズの実質的

視点から合理的配慮を捉える方法的知見. 宇都宮大学教育学部教育実践総合センター紀要, *34*, 137-144.

西永堅. (2016). 特殊教育からインクルージョンへ. 星槎大学紀要・共生科学研究, *12*, 25-36.

大川弥生. (2009). 生活不活発病 (廃用症候群) ――ICF (国際生活機能分類) の「生活機能モデル」で理解する. ノーマライゼーション障害者の福祉, *337*. https://www.dinf.ne.jp/doc/japanese/prdl/jsrd/norma/n337/n337002.html (2021年1月31日)

篠原睦治. (1979). 養護学校義務制化と親のねがい――就学要求を越える「共生 共育」願望. 教育学研究, *46*, 117-125.

Smith, M. L. (2014). Accessible tourism among aging & disabled travelers. http://www.oas.org/es/sedi/ddes/CT/documentos/Ecuador_2014_Accessible_Tourism_10_21_2014.pdf (2021年1月31日)

髙橋純一・松﨑博文. (2014). 障害児教育におけるインクルーシブ教育への変遷と課題. 福島大学人間発達文化学類論集, *19*, 23-26.

髙橋智. (2004). 「特別ニーズ教育」という問い――通常の教育と障害児教育における「対話と協働」の可能性. 教育学研究, *71* (1), 95-103.

高橋知音・高橋美保. (2015). 発達障害のある大学生への「合理的配慮」とは何か――エビデンスに基づいた配慮を実現するために. 教育心理学年報, *54*, 227-235.

滝村雅人. (2006). 発達障害者支援法の研究. 名古屋市立大学大学院人間文化研究, *5*, 67-82.

八幡ゆかり. (2006). 障害児教育にかける実践課題と歴史的背景. 鳴門教育大学研究紀要, *21*, 112-120.

コラム① 介護等体験について

杉中 拓央

　平成9（1997）年の「小学校及び中学校の教諭の普通免許状授与に係る教育職員免許法の特例等に関する法律」によって、義務教育諸学校の教員免許状の取得を希望する者には「介護等体験」の履修が義務づけられています（文部科学省, 1997）。

　介護等体験は「障害者、高齢者等に対する介護、介助、これらの者との交流等の体験」を行うものであり、特別支援学校または社会福祉施設その他の施設において7日間（社会福祉施設5日間、特別支援学校2日間）以上、参加することが求められます。また、法律には規定されていないものの、介護等体験の終了後は、報告会（島田, 2016）やレポートの提出（田実, 2015）を行う大学等が多くあります。

　実際に、介護等体験に赴いた学生の声を、いくつか聞いてみましょう。

　「自分の体験も、他の人の体験談も共通していたのは『想像していたのと現実は違う』ということだ。施設は思っていたより明るく楽しい雰囲気だった。知らないことがマイナスのイメージにつながることがわかった」（荻野, 2019）

　「なんでやるんだろう？と思っていたが、体験をしてとてもよかったと今は思っている。相手がなにを欲しているのか考えないとならなかったので、他者を思いやるということを、身を以て体験できた。どうしたらいいのかわからず、今まで上手く接することができなかった認知症の祖父と、会話を続けることができるようになった。これは個人的にとても嬉しかった」（庄司, 2019）

　感想を読むと、学生たちは、実際に現場で体験することの意義や、相手の立場に立って「その人のいる世界を想像してみる」共感的理解の大切さを、それぞれ感じていることがわかります。

　普段接することの少ない高齢者や障害のある人たちと触れ合う体験は、教員を目指す皆さんに新たな気づきをもたらしてくれるでしょう。介護等体験で出会う人たちと、皆さんが受けもつ児童生徒は、違う世界に生きる人たちでしょ

うか？　皆さんも、本書で学んだことを頭に置きつつ、実際の体験を通して考えてみてください。

●引用・参考文献

文部科学省．（1997）．小学校及び中学校の教諭の普通免許状授与に係る教育職員免許法の特例等に関する法律．電子政府の総合窓口 e-Gov. https://elaws.e-gov.go.jp/search/elawsSearch/elaws_search/lsg0500/detail?lawId=409AC1000000090（2020年9月1日）

荻野佳代子．（2019）．介護等体験からの「学び」──ディスカッションによる学び合い．神奈川大学心理・教育研究論集, *45*, 261-265.

島田肇．（2016）．介護等体験報告会の目的──実習体験のステップ・アップ効果．東海学園大学教育研究紀要, *2*, 78-83.

庄司和史．（2019）．介護等体験の意義と実際──体験活動を終了した学生へのアンケート調査より．教職研究, *10*, 9-20.

田実潔．（2015）．11年の縦断的研究による介護等体験での学生意識変化──特に施設での体験から学生が学ぶもの．北星学園大学社会福祉学部北星論集, *52*, 61-68.

第2部
発達に特別な支援を要する子ども

酒井　貴庸

1. 発達障害とは

　発達障害とは、発達障害者支援法において「自閉症、アスペルガー症候群その他の広汎性発達障害、学習障害、注意欠陥多動性障害その他これに類する脳機能の障害であってその症状が通常低年齢において発現するものとして政令で定めるもの」とされています。

　本章では、それぞれの発達障害を精神疾患の診断・統計マニュアル（Diagnostic and Statistical Manual of Mental Disorders 5th edition: DSM-5）の表記に合わせ、自閉スペクトラム症／自閉症スペクトラム障害（ASD）、注意欠如・多動症／注意欠如・多動性障害（ADHD）、限局性学習症／限局性学習障害（LD）と表記します[1]。

　発達障害の共通の特徴として、次の8つの点が挙げられます（Rutter et al., 2006）。

①神経組織の成熟に関わる心理学的な特徴における遅れ、あるいは偏りである（認知や運動機能の発達の障害）。

②寛解と再発を特徴的としない恒常的な経過を示す。

③障害は年齢とともに軽減はするが成人期にも持続する。

④どの疾患もある程度の特異的あるいは全般的な認知の障害を伴う。

⑤含まれる疾患群は重要な特徴をもつが、他の疾患とオーバーラップがある。

⑥程度は個々でさまざまであるが遺伝的な素因がある。

⑦環境の影響もおそらく関与している。

⑧男子に多い。

　このRutter et al.（2006）が示しているように、発達障害は他の疾患と重なり合う部分があり、ASDのある子どもの30～80％はADHDの基準に合致し、ADHD児の20～50％はASDの基準に合致するとの報告もあります（Rommelse

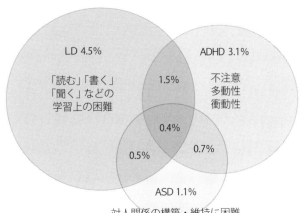

図1　通常の学級に在籍する発達障害の可能性のある
特別な教育的支援を必要とする児童生徒に関する調査結果

※ 文部科学省（2012）をもとに筆者作成

et al., 2010）。実際に発達障害が併存し、複数の発達障害の診断名がつくこと
もあります。文部科学省（2012）による調査の結果では、図1のような割合で
した。調査は、子どもの学習面や行動面について学校教諭が回答した結果に基
づいてまとめられており、必ずしも診断基準に示されている有病率や医師が診
断した場合とは一致しませんので、注意してください。次にそれぞれの発達障
害の特徴について、診断基準（DSM-5）をもとに概説します。

(1) 自閉スペクトラム症／自閉症スペクトラム障害（ASD）

　ASDの有病率（ある一時点での疾病の頻度）はDSM-5では1％程度で、子
どもと成人で同程度であるとされています。遺伝率は37〜90％と報告によっ
てバラつきがありますが（Talkowski et al., 2014）、遺伝的要因の関与がうか
がえます。診断には、〔A〕社会的コミュニケーションの障害と、〔B〕行動、
興味、活動の限局の2つの領域に記載されている基準を満たす必要があります
（表1参照）。領域〔A〕の3つすべて、および、領域〔B〕の4つのうち少なく
とも2つの項目、計5項目を満たすと医師が判断した場合にASDと診断されま
す。

表1　DSM-5におけるASDの診断基準（一部抜粋）

A	複数の状況で社会的コミュニケーションおよび対人的相互反応における持続的な欠陥があり、現時点または病歴によって、以下により明らかになる
	(1)　相互の対人的―情緒的関係の欠落
	(2)　対人的相互反応で非言語的コミュニケーション行動を用いることの欠陥
	(3)　人間関係を発展させ、維持し、それらを理解することの欠陥
B	行動、興味、または活動の限定された反復的な様式で、現在または病歴によって以下の少なくとも2つにより明らかになる
	(1)　情動的または反復的な体の運動、物の使用、または会話
	(2)　同一性への固執、習慣への頑なこだわり、または言語的、非言語的な儀式的行動様式
	(3)　強度または対象において異常なほど、きわめて限定され執着する興味
	(4)　感覚刺激に対する過敏さまたは鈍感さ、または触感に逆の反応をする

※ American Psychiatric Association（2013）／日本精神神経学会（日本語訳用語監修），高橋三郎・大野裕（監訳）（2014）p. 49診断基準より抜粋して図表化

　クラスでは日常的にはあまり目立つ存在ではありませんが、興味のある事柄（例えば、鉄道や昆虫など）についてはとても詳しく、その事柄についての話であればとても長い話が可能ですが、他の人が違う話を始めると明らかに興味がない態度になり、場合によっては違うことを始めてしまいます（社会的コミュニケーションの障害、興味の偏り）。プールの授業があった際に、塩素のにおいが気になってイライラする、教室外からの音が気になって授業に集中できない子もいます（感覚の過敏）。ASD傾向の高い子どもでは、このような特徴をもっていることがあります。

(2) 注意欠如・多動症／注意欠如・多動性障害（ADHD）

　ADHDの有病率は、DSM-5においては子どもで約5％、成人では約2.5％とされています。これまでの遺伝学的研究においては、遺伝子多型と環境要因との相互作用の影響が考えられています。DSM-5においては、子どもが学校で示す行動について問題となる症状が、基準〔A1：不注意〕と基準〔A2：多動性―衝動性〕に分けて示されています（表2参照）。

　これらの症状の中で、基準〔A1：不注意〕の9項目中6項目以上、および基準〔A2：多動性―衝動性〕の9項目中6項目以上を満たす場合には「混合型」、基準〔A1：不注意〕の9項目中6項目以上、および基準〔A2：多動性―

表2　DSM-5におけるADHDの診断基準（一部抜粋）

A1	不注意	a)	学業、仕事、または他の活動中に、しばしば綿密に注意することができない、または不注意な間違いをする
		b)	課題または遊びの活動中に、しばしば注意を持続することが困難である
		c)	直接話しかけられたときに、しばしば聞いていないように見える
		d)	しばしば指示に従えず、学業、幼児、職場での義務をやり遂げることができない
		e)	課題や活動を順序立てることがしばしば困難である
		f)	精神的努力の持続を要する課題に従事することをしばしば避ける、嫌う、またはいやいや行う
		g)	課題や活動に必要なものをしばしばなくしてしまう
		h)	しばしば指示に従えず、学業、幼児、職場での義務をやり遂げることができない、外的な刺激によって気が散ってしまう
		i)	しばしば日々の活動で忘れっぽい
A2	多動性	a)	しばしば手足をそわそわ動かしたり、トントン叩いたりする。またはいすの上でもじもじする
		b)	席についていることが求められる場面でしばしば席を離れる
		c)	不適切な状況でしばしば走り回ったり、高いところへ登ったりする
		d)	静かに遊んだり余暇活動につくことがしばしばできない
		e)	しばしば"じっとしていない"、またはまるで、"エンジンで動かされているように"行動する。
		f)	しばしばしゃべりすぎる
	衝動性	g)	しばしば質問が終わる前に出し抜いて答え始めてしまう
		h)	しばしば順番を待つことが困難である
		i)	しばしば他人を妨害し、邪魔する

※ American Psychiatric Association（2013）／日本精神神経学会（日本語訳用語監修），髙橋三郎・大野裕（監訳）（2014）pp. 58-59診断基準より抜粋して図表化

衝動性〕の9項目中5項目以下を満たす場合には「不注意優勢型」、基準〔A1：不注意〕の9項目中5項目以下、および基準〔A2：多動性―衝動性〕の9項目中6項目以上を満たす場合には「多動・衝動優勢型」とされます。いずれの型も、少なくとも6ヶ月以上症状が持続したことがあり、その程度は同年齢の他児童とは異なり、社会的および学業的／職業的活動に直接、悪影響を及ぼすほどである、と医師により判断された場合です。

　長い文章で説明されている事柄を読みたくないので読み飛ばしをしてしまい、説明の通りに作業が進められない。一つのことに気持ちが移ってしまうと重要な説明をしていても内容を聞いていない。必要なものを忘れたり大事なものでも紛失してしまう（不注意）。体育館などに集まって着席していなけれ

多動性　　　　　　　　　　　　書字表出の困難さ

図2　ADHD（左）とLD（右）の診断基準の例（画：ケン・サイトー）

ばいけない状況で落ち着きなく動いており、複数回の注意が必要になる（多動性）。説明が終わっていないにもかかわらず自分で判断をして行動に移してしまい、誤った方法で行ってしまう（衝動性）。ADHD傾向の高い子どもは、これらの特徴を示すことがあります。

(3) 限局性学習症／限局性学習障害（LD）

　DSM-5のLDの有病率は、学齢期で5～15％、成人では約4％とされています。DSM-IV-TR（DSM-5の旧バージョンDSM-IVの改訂版）では、読字障害・書字障害・算数障害という下位分類をしていましたが、DSM-5では、下位分類は行わない代わりに特定事項として（1）と（2）が読字表出の障害、（3）と（4）が書字表出の障害、（5）と（6）が算数の障害にあたるものとして

表3　DSM-5におけるLDの診断基準（一部抜粋）

	学習や学業的技能の使用に困難があり、その困難を対象とした介入が提供されているにもかかわず、以下の症状の少なくとも1つが存在し、少なくとも6ヶ月以上持続していることで明らかになる
A	(1)　不的確または速度が遅く、努力を要する読字
	(2)　読んでいるものの意味を理解することの困難さ
	(3)　綴り字の困難さ
	(4)　書字表出の困難さ
	(5)　数字概念、数値、または計算を習得することの困難さ
	(6)　数学的推論の困難さ

※ American Psychiatric Association（2013）／日本精神神経学会（日本語訳用語監修）, 髙橋三郎・大野裕（監訳）（2014）p. 65診断基準より抜粋して図表化

併記されています（表3）。

　脳の成熟に伴う発達として獲得される歩行などとは対照的に、読字・綴字・書字・計算は、明確に教えられて獲得されるものです。そのためLDは、学習機会の不足や不適切な学習の結果である状態とは区別しなければいけません。遺伝的要因については、環境要因との組み合わせであると考えられています。

　LD傾向のある子どもの特徴については、エピソード・スタディを参照してください。

キーワード

スペクトラム：診断基準DSM-IV-TRやICD-10までは、自閉症やアスペルガー障害（症候群）、広汎性発達障害などのように診断が細分化されていましたが、DSM-5やICD-11からは、連続体などと訳される「スペクトラム」を用い、自閉スペクトラム症（自閉症スペクトラム障害）とされることになりました。以前は、言語発達や知的水準で診断を分けていましたが、対人関係の構築や維持の難しさやこだわりの強さなど、共通した特性が認められます。そのため、別々の障害とするのではなく、明確な境目がなく連なっている（＝連続体）ことを意味する「スペクトラム」が用いられました。診断名は変更されましたが、これまで細分化されていた診断名にあたる方が、別の様相を示すようになったわけではありませんので、注意してください。

2. 発達障害のある子どもの心理・発達

　児童期から思春期にかけて心や体にはさまざまな変化が現れます。その中でも最も大きな変化は身長や体重です。急激な体の変化と心の成長がつり合わず、不安定になりやすい時期でもあります。また、この時期には学校生活において集団生活が重要となり、社会的なルールの習得が求められたり、同世代の友人との対人関係の構築や維持が心の発達に重要な意味をもったりします。

　児童期・思春期は、友人関係を通して道徳性が発達する時期でもあります。Kohlberg（1971）は、道徳性の発達として次の6段階を設定しました。罪を避

けることや、力への絶対的服従に価値があると考える段階（第1段階）、自分自身の欲求やときに他人の欲求を満たすことによって善悪を決める段階（第2段階）、善い行動とは、人を喜ばせる行動であると考える段階（第3段階）、正しい行動とは、権威や社会秩序を尊重することにあると考える段階（第4段階）、社会全体により吟味され、同意された基準によって正しい行為が規定される段階（第5段階）、そして、論理的包括性、普遍性、一貫性に基づき、自ら選択した倫理的原理に一致する良心によって正しさが決まる段階（第6段階）の6段階です。

対人関係の広がりを通して、情緒も複雑に発達していきます。幼児期には、直接的・行動的・爆発的に情緒を表現しますが、児童期には、間接的・言語的・抑制的になります。自身の情緒の表出をコントロールすることによって表現が穏やかになり、他者が受け入れやすくなる時期です。しかし、思春期になると第二次性徴の成熟に伴い心身のバランスが崩れやすくなります。性的発達は、性愛や嫉妬といった情緒の広がりをもたらします。情緒の表出に対して制約や干渉を受けることに反抗心をもち、怒りとして表現することが起こりやすいのがこの時期です。この時期の情緒的安定には、友人関係が大きな役割を果たすと考えられています。

また、集団の中で過ごすなかで、他者との比較や関係性といった観点から自己を見つめて評価し始めます。そのことによって自己イメージが発達するとされています。

以上のように、児童期・思春期においては、学校などでの集団生活が重要ですが、発達障害の特徴のある児童生徒の中には、対人関係やコミュニケーションの困難さ、学習についていけないことによる劣等感や疎外感などが原因となり、集団にうまく適応できない子がいます。授業や休み時間、放課後の部活動などで集団にうまく適応できないこと（他者の気持ちを考えずに発言してしまう、集中力が持続せずに授業に参加できない、自分では努力しているが成績がふるわない）によって、教師や他児から非難や叱責、低評価を受けやすく、自己を否定的に捉えてしまうことは少なくありません。自己を否定的に捉えてしまうと意欲が低下し、不登校やひきこもり、場合によってはいじめに発展してしまうかもしれません。そして、こういった状況が、さらなる集団不適応を生

じさせ、長期にわたると社会に認められない自己像が固定化し、社会的不適応となるという二次障害が生じることもあります。

　発達障害の特徴のある子どもの場合には、二次障害が生じることのないよう予防的な関わりや支援が重要です。発達障害の二次障害については、第3章「情緒障害」に詳細が説明されているので、そちらも参照してください。

🔑 キーワード

診断基準：アメリカ精神医学会（APA）のDSM-5（2013）と世界保健機関（WHO）のICD-11（2015）が、わが国においても発達障害の診断に最も使用されている診断基準です。これらの基準において発達障害は、神経発達症群／神経発達障害群（神経発達症群）と記載されており、神経発達障害にはASD、ADHD、LDの他に知的能力障害群（知的発達症群）、コミュニケーション症群／コミュニケーション障害群（発達性発話または言語症群）、運動症群／運動障害群（発達性協調運動症・一次性チックまたはチック症群）なども含まれます。

※（　）内の症名はIDC-11による表記

3. 発達障害のある子どもの教育・支援方法

　診断基準や発達障害に関する書籍などに書かれている特徴が、診断のついている子どもにそのまま当てはまるわけではありませんし、本章で例として挙げた子どもと同じような特徴のある子どもが、必ずしも発達障害であるというわけではありません。また、各診断名に普遍的に対応する支援方法（例えば、ASDには視覚提示による支援をするなど）はありません。重要なのは、子どもの問題と考えられる行動（問題と考えているのは、学校であれば教師、家庭であれば親やきょうだいであり、本人にとっては他に方法がない、もしくは、誤った学習の結果生じている行動と考える視点が重要）が、なぜ生じているのか（背景要因）を分析し、その分析に基づいた仮説を立て、その仮説に基づいた支援をし、その支援についての分析をする、といったサイクルを必要に応じて繰り返すことです。

そのために重要となるのが、アセスメントです。本章で取り扱った発達障害のある子どもには、療育や発達相談などの支援が用いられますが、支援の開始にはアセスメントが不可欠です。そして、アセスメントを行う際には、その子どもができないことだけでなく、得意なことや好きなことを理解して、支援に活用することが重要です。

 キーワード

> **アセスメント**：面接や検査、観察を通して対象者を客観的に理解し、仮説を立て、支援内容を決めることです。面接は、対象となる本人に行うこともあれば、保護者や対象者をよく知る教師などに行うこともあります（構造化面接、半構造化面接、非構造化面接）。
>
> 　検査は必要に応じて行われ、対象者に直接行う直接検査法、面接同様に対象者をよく知る者に行う間接検査法があります。観察には、対象が参加している活動や場面に観察者も参加して行う参与観察と非参与観察、実験的観察があります。

● **注記**

(1) DSM の他にも、世界保健機関（WHO）の「疾病及び関連保健問題の国際統計分類（ICD）」や文部科学省が作成した「今後の特別支援教育の在り方について（最終報告）」にも発達障害の診断基準（WHO）や判断基準（文部科学省）が記載されています。文部科学省が示している発達障害の判断基準は、現行の DSM の一つ前のバージョンである DSM-IV を参考に作成されたものでやや古いため、本章では DSM-5 を参照して説明します。

● **引用・参考文献**

American Psychiatric Association (2013). *Diagnostic and statistical manual of mental disorders, 5th edition (DSM-5)*. Washington, D.C.: American Psychiatric Association.（日本精神神経学会（日本語訳用語監修），髙橋三郎・大野裕（監訳）．(2014)．DSM-5 精神疾患の診断・統計マニュアル．医学書院）

Kohlberg, L. (1971). From is to ought: How to commit the naturalistic fallacy and get away with it in the study on moral development. In T. Mischel (Ed.), *Cognitive development and epistemology*. New York: Academic Press.

文部科学省．（2012）．通常の学級に在籍する発達障害の可能性のある特別な教育的支援を必要とする児童生徒に関する調査結果について．https://www.mext.go.jp/a_menu/shotou/tokubetu/material/__icsFiles/afieldfile/2012/12/10/1328729_01.pdf（2020年7月29日）

Rommelse, N. N., Franke, B., Geurts, H. M., Hartman, C. A., & Buitelaar, J. K. (2010). Shared heritability of attention-deficit/hyperactivity disorder and autism spectrum disorder. *European Child and Adolescent Psychiatry*, *19*, 281-295.

Rutter, M, Kim-Cohen, J., & Maughan, B. (2006). Continuities and discontinuities in psychopathology between childhood and adult life. *Journal of Child Psychology and Psychiatry*, *47*, 276-295.

Talkowski, M. E., Minikel, E. V., Vallabh, E., & Gusella, J. F. (2014). Autism spectrum disorder genetics: diverse genes with diverse clinical outcomes. *Harvard Review of Psychiatry*, *22*, 65-75.

（ エピソード・スタディ ）

プロフィール　カナタ、小学3年生、男子。通常の学級に在籍。学習障害。漢字が覚えられず、作文もひらがなを多用する。漢字を書くと鏡文字（鏡に映したように左右が反転した文字）になり、算数の文章題が解けない。

子どもが抱える困難・課題　全体的な知的水準の把握のために知能検査、視知覚上の問題点を発見し適切な訓練を行うために視知覚発達検査、見たものを正確に書き写すことができるかを確かめるために図形模写テスト、小学生用読み書きスクリーニングテストを実施しました。

検査の結果からは、形を正しく捉えること、空間における位置の把握、図形の記憶と再生が苦手であることがわかりました。

解説　アセスメントの結果を踏まえて、点から点へと鉛筆で線を引く視知覚のトレーニングを行い、空間認知能力と目と手の協応動作の向上を図りました。また、漢字の部首・へん・つくりをバラバラにしたパズルを用いて漢字の習得度を確認すると同時に、漢字学習に対する意欲の向上を図りました。

このパズルについては容易に正解できたため、漢字全体の形は把握可能

であることがわかり、正確に読むこともできることがわかりました。そこで、熟語（2語）を複数用意し（例えば、「教室」「校歌」「出口」）、それらを上下に分けて、上に分けた漢字（「教」「校」「出」）と下に分けた漢字（「室」「歌」「口」）の順序を左右で入れ替え（上：「校」「教」「出」と、下：「室」「口」「歌」）、正しい熟語になるように、漢字同士を線で結ぶ課題を加えました。

　アセスメントの視点をもちながら個別に関わり、課題を追加・修正していくこと、「できないこと」だけでなく「できること」を確かめながら課題に取り入れたことで、課題への意欲の維持に有効でした。小学生用読み書きスクリーニングテストの結果が改善しました。

コラム② 定時制・通信制高校における子どもの支援

加藤 松次

1. 定時制高校の場合

レン（定時制高校の4年次男子）は母親と2人暮らしです。レンの知的障害をめぐって担任と母親が激しい口論となり、それ以降、母親は前担任のみならず学校に対しても心を閉ざしてしまいました。

新年度になり、新しい担任は生徒や保護者の都合に合わせて、時間の許す限り丁寧に面談を行いました。レンや母親とも、そのような面談の流れの中で接触を試みました。はじめは警戒されましたが、進路決定に向けて面談に応じてくれました。母親の言葉に耳を傾けていると、レンの知的障害をどうしても受け入れることができなくてここまできてしまったことに、母親自身も不安を感じているということがわかりました。そして、レンの就職活動前に県のリハビリテーションセンターで障害に対する検査を受けることを承諾してくれました。職業安定所から療育手帳があれば就職しやすいと言われていたからです。

結果は中度の知的障害と判定され、療育手帳が発行されました。ところが、不況のせいで就職先が見つからず、近隣の障害者就業・生活支援センターを紹介されました。担当者は、特別支援学校だけでなく、定時制高校や通信制高校にも支援を必要とする生徒がいることに驚いていましたが、レンは就労サポーターもつけてくれる地元企業に就職が内定しました。

この事例から、保護者はもちろんのこと、関連機関にも正しい理解と協力を得なければならないことがわかります。

2. 通信制高校の場合

リク（通信制高校の1年次男子）は母親と2人で暮らしています。リクが3歳のときに父親と母親は離婚しました。リクは、仕方なく入学したせいか学習意欲が湧かず、スクーリングをさぼって校舎の物陰で喫煙しているところを、

巡回中の教員に発見されました。入学早々に生活指導を受けることになり、母親との面談から次のことがわかりました。

　喫煙については小学5年生から常習で、これまで何度も警察に補導されてきました。さらに、中学時代は何度も傷害事件を起こし、家庭裁判所での審判の結果、保護処分として県の児童自立支援施設に送致されました。そこで医師の診察を受け、ASDと診断されました。専門的な指導を受けながら育成担当の職員と家庭的な雰囲気の中で規則正しい生活を送っているうちに、リクは少しずつ情緒が安定していき、義務教育期間を終了する頃に退所しました。母親は専門的な指導を継続して受けるよう勧められましたが、リクが嫌がるのではないかとためらっているうちに、そのタイミングを逃してしまっていました。

　今回の喫煙が発覚して、リクは生活指導を受けずに退学したいと考えていましたが、母親は学校の指導に応じて高校生活を続けてほしいと望んでいました。担任は両者の気持ちを受容し、リクと母親の意思を擦り合わせていきました。それがリクにこれまでと違うという印象を与えたようです。リクは通信制高校で学び直しをしてみようという気持ちになり、生活指導を受けることになりました。ところが、高校生活のスタートを切れたと思った矢先に、またリクは傷害事件を起こして警察に補導され、家庭裁判所の観察措置決定により少年鑑別所に送致されました。そして、母親から退学願が提出されました。しかし、リクにまだ学び直しをしたいという気持ちが残っていることを聞いた担任は、通信制高校の入学試験を再受験できることを母親に説明しました。

　このように定時制高校や通信制高校には、諸々の事情で特別支援学校や特別支援学級に入れなかった、あるいは入らなかった身体障害・精神障害・発達障害のある生徒がたくさん学んでいます。特別支援教育の対象となる児童生徒はすべての学校に在籍していることをこの事例から理解する必要があるでしょう。

第3章

情緒面や行動面に課題のある子どもの理解と支援

奥村 真衣子

1. 情緒面や行動面に課題のある子ども

1 情緒障害

(1) 情緒障害とは

　「情緒」という言葉から何をイメージするでしょうか。人の内的状態を表すとき、日常では「感情」や「気分」といった言葉をよく使うかもしれません。情緒障害はまさに感情や気分に関係する非常に広範な問題を指しています。文部科学省（2013）の教育支援資料によると、「情緒障害とは、状況に合わない感情・気分が持続し、不適切な行動が引き起こされ、それらを自分の意思ではコントロールできないことが継続し、学校生活や社会生活に適応できなくなる状態をいう」と説明されています。つまり、情緒障害はその心理的な要因による行動上の困難だけでなく、適切な学習や集団行動・社会的行動が行えなくなることが問題といえます。

(2) 情緒障害の状態像

　情緒障害のある子どもには、具体的には表1に示す状態が生じることが多いといわれています（文部科学省, 2013）。これらの問題は、内向性と外向性に大きく分けられます。内向性の問題とは、話さない、不登校、爪かみや抜毛などの習癖といった周囲の支障とならないものを指し、外向性の問題とは、反抗や暴言、反社会的行動といったその行動自体が周囲の支障となるものを指します。周囲の支障という視点で整理することは、彼らの状態像の理解に役立ちますが、最も困っているのは問題を起こさざるを得ない本人だという認識をもつことが大切です。

表1　情緒障害の子どもに見られる状態例

・食事の問題（拒食、過食、異食など）	・睡眠の問題（不眠、不規則な睡眠習慣など）
・排泄の問題（夜尿、失禁など）	・性的問題（性への関心や対象の問題など）
・神経性習癖（チック、髪いじり、爪かみなど）	・対人関係の問題（引っ込み思案、孤立、不人気、いじめなど）
・学業不振	・不登校
・反社会的傾向（虚言癖、粗暴行為、攻撃傾向など）	・非行（怠学、窃盗、暴走行為など）
・情緒不安定（多動、興奮傾向、かんしゃく癖など）	・場面緘黙
・無気力	

※ 文部科学省（2013）より筆者作成

(3) 情緒障害の背景

　このような問題が起きる背景を理解するためには、情緒障害の主な要因として挙げられる「心理的な要因（心因）」の意味を正しく理解する必要があります。心因は環境からの何らかの心理的・社会的な負荷が原因になっているという意味で、環境因ともいいます。子どもの問題を見るとき、その子自身（個人）に原因を求めがちですが、着目すべきは子どもを取り巻く環境であり、その相互作用の結果として情緒障害は生じます。主として、対人関係のストレスや学業の負担などが影響しますが、これらは不登校や発達障害の二次障害といった今日的課題とも大きく関わっています。情緒障害はそれを主症状に単一的な現れ方をする場合と、他の障害と併存したり二次的に生じたりする場合があります。以下では、情緒障害を主症状とするもののうち代表的な場面緘黙と、情緒障害を併存あるいは二次的に有しやすい発達障害の問題について取り上げます。

② 場面緘黙

(1) 場面緘黙とは

　場面緘黙（選択性緘黙）は、家庭などの慣れた場面では話せるにもかかわらず、園や学校などの社会的場面において発話ができなくなる不安症です。一般に発声器官等に器質的・機能的な問題はなく、年齢相応の言語能力を有しています。話せないことにより、学業上の成績または対人的コミュニケーションに

支障をきたすことが学校生活では問題となります。

　有病率（人口に占める割合）は0.15～0.21％といわれており（久田ら, 2016；Matsushita et al., 2019）、発達障害の6.5％と比べると多くはありませんが、園や学校に最低1人はいると考えたほうがよいでしょう。場面緘黙は、生得的に不安になりやすい気質をもち、多くの場合、入園や入学などの不安や緊張を伴う事柄がきっかけとなり発症します。学年中途で発症するものの中には、友人関係の悪化やいじめなど、対人不安が高まる出来事がきっかけとなることもあります。

　場面緘黙は早期発見と早期支援が重要です。小学校高学年くらいになると、話せない自分を客観視するようになり、「急に話しだしたらおかしい」と発話に対する抑制が働くようになります。そうなると支援による改善が現れにくく、症状も長期化しやすくなります（河井・河井, 1994）。また、話せないことが対人関係の形成を妨げると孤立を招き、学校生活に強い苦痛を感じるようになります。不登校に発展する場合もあるので注意が必要です（Okumura & Sonoyama, 2015）。

(2) 場面緘黙に見られる学校生活上の困難

　奥村・園山（2018）は場面緘黙の当事者に対して、学校生活の困難状況を調

表2　場面緘黙に見られる学校生活上の困難

教科学習	行事	教科学習外の活動
作文等の発表（できない、小声で対応）	校外学習（孤立）	休み時間（席から動けない、図書室等への回避）
指名時の発言（できない、小声で対応）	宿泊学習（声を出せない疲労、孤立）	班分けや係決め（自分から希望が出せない）
音楽（歌えない、口パクで対応）	運動会（動けない、孤立）	給食（人前で食べられない）
体育（動けない）	発表会（みんなの前で話す負担）	掃除（動けない）
図工・美術（表現への抵抗感）	文化祭（居場所のなさ、孤立）	部活（同級生から孤立、先輩・後輩関係の負担）
グループ活動（傍観、教師や他児の指示に従う）		

※　奥村・園山（2018）をもとに筆者作成
　　（　）内は各場面で見られる具体的状況

査しました。その結果、①教科学習（作文等の発表、音楽、体育、グループ活動など）、②行事（遠足、宿泊学習、運動会など）、③教科学習外の活動（休み時間、班や係決めなど）といった広範な状況に困難さがあることがわかりました（表2）。話せないこと以外にも、動きが緩慢になることから実技系の授業を苦手とする子どももいます。主体的な意思や行動の表出が抑制されることから、複数で物事を進めるときにも支障が生じます。例えば、挙手制や、好きな者同士による班決めや係決めは、自ら積極的に意思を表明することが難しいため、不本意な結果になりがちです。グループ活動では役割をもてずに傍観者となってしまうこともあるため、学習機会を保障できるよう配慮が必要です。

③ 発達障害に見られる情緒面や行動面の問題

（1）発達障害の併存症及び二次障害

　第2章では発達障害の中核症状について具体的に述べましたが、本章では発達障害の併存症や二次障害として見られる情緒面や行動面の問題について触れていきます。

　自閉スペクトラム症（ASD）、限局性学習症（LD）、注意欠如・多動症（ADHD）などのいわゆる発達障害の子どもには、不安の強さや過剰な引っ込み思案、強迫傾向、気分の落ち込み、あるいは過度の反抗や反社会的行動などの情緒面や行動面の問題が見られる場合があります。これらは、乳幼児期からの外傷的な生育環境（育てにくさからくる叱責の多さや児童虐待など）やライフイベント（転居・転校や学校でのいじめ・からかいなど）といった環境との相互作用を通して形成されます。すなわち、発達障害の二次障害は、周囲の不適切な対応の結果、発達障害の主症状とは別に二次的に生じた障害を指します。

　齊藤（2009）は多彩な症状を示す発達障害の包括的理解のために、発達障害の中核症状、重複する併存症、二次障害の構造を示しています（図1）。発達障害が多様な様相を示すのは、第一層の中核症状に重複して、第二層の併存症を示すことによります。併存症は発達障害と共通する病因や関連要因があるために、発達障害がある場合に出現しやすいと考えられています。併存症としては、他の発達障害（LDにおけるADHDなど）やチック症、夜尿症などの身体症状、小児期発症流暢症（吃音）、早口言語症などの言語の問題、神経

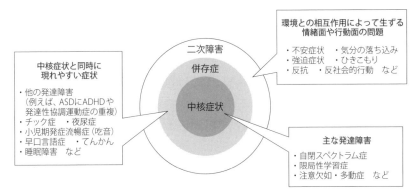

図1　発達障害に見られる諸症状とその構造

※齊藤（2009）p. 18の図を参考に筆者作成

性習癖、睡眠の問題などがあります。図の最外層にある二次障害は環境との相互作用によって形成された情緒面や行動面の問題です。発達障害の子どもが示す状態は、中核症状、併存症、二次障害の視点をもって理解する必要があります。

(2) 発達障害における情緒面や行動面の問題の要因

　発達障害における情緒面や行動面の問題（二次障害）は、小学校高学年、いわゆる思春期年代から顕著になりやすいという特徴があります。この時期の発達課題として、集団同一性が挙げられます。集団同一性とは、自分は同年代とズレていないという意識のことで、皆と同じ自分を自覚できることで安心感を得ます。集団同一性の確立があって、皆と違う自分を受け入れるという個の同一性の確立に向かいます。しかし、他者との違いがある発達障害のある子どもは、集団同一性に課題を有するため、思春期に心理的な不安定さが増幅します（宮本, 2011）。以下では、石﨑（2017）の記述をもとに、ASD、LD、ADHDの不適応の要因を整理しました。

　ASDでは、周囲とのトラブルを発達特性に基づく問題と理解されにくいために、教師や級友から誤解されやすく、本人には変更できない・曲げられないルールへの固執を「人に譲らない」「わがまま」と捉えられがちです。幼少期からその特性を理解されず、叱責やいじめを体験することにより被害念慮を抱

きやすくなります。例えば、自分が悪く言われているように思う、自分に関係のないことでも関係しているように思う（笑っている人を見て自分が馬鹿にされていると捉えるなど）など、他者の言葉や働きかけを被害的・迫害的に読み取るためにトラブルになることがあります。対人関係の不具合から、不安や気分の落ち込み、不登校が見られるようになります。

　LDに代表的な読み書きの困難は、学年が上がるにつれて全教科の学習困難につながります。学習面以外に基本的には問題がないため、障害に気づかれにくく、保護者や教師から「好きな教科しか勉強しない」「やればできるのにやらない」といった誤解を受けることが少なくありません。努力しても成績がふるわず、それを理解されないため孤独や不安を感じたり、自尊心が低下したりします。授業についていけなくなると、学級にいること自体が苦痛となり、頭痛や腹痛といった身体症状を訴えたり、不登校になったりすることがあります。

　ADHDでは、その多動や衝動的な行動から、周囲からわがままや自分のペースで仕切りたがると理解されがちです。不注意による聞き漏らしや聴覚把持の弱さにより、情報が欠落して勘違いしてしまうこともあります。そのため、「自分だけ聞かされていない」「自分はのけ者にされた」と被害的に受け取ってしまい、周囲とトラブルになることもあります。このような失敗経験やそれに伴う叱責が重なると、自尊心の低下や、不満や怒りの増大、さらには他者への反抗や反社会的行動を示すことがあります。

(3) 発達障害と不登校、関連疾患

　文部科学省によれば、不登校とは、病気や経済的理由なく年間30日以上欠席したものと定義されています。令和元年度の全国調査では、小学校・中学校において18万1272人が不登校であり、平成24年以降は増加の一途をたどっています。主な理由としては、友人関係の問題、家庭の問題、学業の不振が挙げられます。前述のように、発達障害のある子どもは学校環境との間に不適応をきたしやすく、不登校に至る事例も少なくありません。鈴木ら（2017）は不登校児の57%、金原（2007）は43%に発達障害があることを示しています。

　また、石﨑（2017）によると、昨今、不登校の身体要因として注目されているものに思春期の起立性調節障害があり、不適応・不登校を示す発達障害のあ

る子どもにおいても問題となっています。起立性調節障害とは、体を起こす・立ち上がるといった体位の変化にあたり、容量血管（静脈）の収縮不全や細動脈の収縮力低下などにより血圧を保持できず、立ちくらみや全身倦怠、頭痛などの種々の不定愁訴が引き起こされる状態をいいます。小学生の約5％、中学生の約10％に存在し、二次性徴が出現する頃に発症する場合が多いようです。不登校の30〜40％に起立性調節障害が認められるといわれています。

　原因として、二次性徴に伴う内分泌・神経・循環器系の急激な変化に対する調節機能が不十分な場合や、心理社会的なストレスが過剰にかかることにより自律神経系の調節機能がうまく作動しない場合があるといわれています（金, 2011）。加えて、不登校・ひきこもりによる身体の不活動による起立耐性の低下も大きな要因となっています。このように、さまざまな要因が相互に関与していることが指摘されますが、発達障害のある子どもの場合には、学校不適応・不登校が先に立って身体運動量が減少し、起立性調節障害の症状を呈するようになることにも注意が必要です（石﨑, 2017）。怠けやさぼりと誤解されがちですが、身体疾患として適切に理解し、対応していくことが求められます。

🔑 キーワード

二次障害：周囲の理解不足から生ずる不適切な対応の結果、本来抱えている障害による困難とは別に、二次的に生じた問題や障害をいいます。二次障害は、表現型で類型すると、①行動上の問題：非社会的な行動（不登校・ひきこもり等）、反社会的な行動（非行、暴力、怠学等）、神経性習癖（爪かみ、指しゃぶり等）や、②身体的な問題：心身症や、③心理的な問題：神経症（分離不安や強迫性障害）、④発達障害の特性が著しく強く現れる問題に整理されます。

2. 情緒面や行動面に課題のある子どもの教育・支援方法

① 環境との相互作用の視点によるアプローチの重要性

　前節では、情緒面や行動面の問題を理解するにあたって、子ども自身に原因

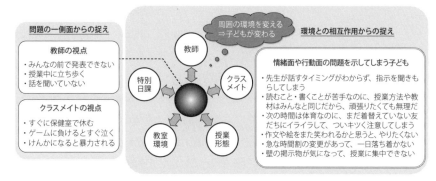

図2　環境との相互作用から見た情緒面や行動面の問題

を求めるのではなく、子どもを取り巻く環境との相互作用から見取ることの重要性を述べてきました。この考え方は、情緒障害のある子どもの教育・支援方法を検討する際も同様で、子ども自身を変えようとするのでなく、まず、周囲の環境を変えようとする視点が重要です。

　具体的に考えてみましょう。例えば、内向性の問題として、引っ込み思案で積極的な表現や教育活動への参加が苦手な子どもの指導を想定します。教師がその子ども自身の頑張りが足りないと考え、他の子どもと同じように行うことを要求した場合、たいてい前向きな変化は見られないでしょう。それどころか、学校に嫌悪感を抱くようになるかもしれません。また、外向性の問題として、授業中の立ち歩きや反抗を示す場合はどうでしょうか。教師はまず、その行動を抑えようとするかもしれません。しかし、抑えようとすればするほど反抗的になったり、いったん収まったように見えても、別のかたちで問題が表出したりすることがあります。

　このように、子どもが示す情緒面や行動面の問題をなくそうという対応はうまくいかないことが多く、子どもと教師の関係を悪くするとともに、教師の対応を見たクラスメイトがその子を問題児と捉えることにつながる恐れがあります。また、教師やクラスメイトとの関係を通して一度複雑になった問題は、改善することも容易ではありません。では、どのように対応を考えるべきでしょうか。前述したように、環境の側を変えることで子どもの問題を変えていけばよいわけです。その際、問題を減らす視点ではなく、いかにして望ましい参加

を増やすかという視点で対応を検討することが重要です。

　図2は、教師・クラスメイト・情緒面や行動面の問題のある子どもの視点から、問題の見え方を整理したものです。教師やクラスメイトは表面上の問題に目が行きがちですが、情緒面や行動面の問題のある子どもから見れば、常に環境の影響を受けていることがわかります。図2の中央に示すように、教師の関わり方や授業形態などの環境を工夫することで、情緒面や行動面の問題を起こさずに済むことを示しています。さらに、周囲の環境を変えることで、学習への参加やクラスで活躍できる機会が増えれば、教師やクラスメイトから承認され、自尊心の向上にもつながることが期待されます。

② 場面緘黙への対応

　場面緘黙の子どもへの対応の中心は、不安を低減させることと発話に代わる表出や参加方法を保障することです。場面緘黙に有効な支援方法は、引っ込み思案など内向的な性格の子どもにも共通するので、基本的な考え方を理解しておくと幅広く子どもの指導に役立ちます。以下では、(1) 不安の低減、(2) 表出・参加方法の工夫、(3) 対人関係への配慮、の視点から対応を示しました。これらは、基本的には場面緘黙の子ども本人（低年齢児では保護者）と相談して決定していくとよいでしょう。

(1) 不安の低減
〔事前の学校訪問〕

　入学、進級、長期休暇明けは、特に不安が高まります。正式な始業日より前に校内見学や担任との顔合わせを行うとよいでしょう。可能であれば、担任と子どもと保護者で好きなゲームを行ったり、健康観察や音読の練習を行ったりしておくと、新しい環境に対する緊張が低減されます。

〔座席の配慮〕

　家族や仲のよい友人など、慣れ親しんだ人が近くにいると人は安心するものです。教室内での座席の位置や周りに座る子どもとの関係を考慮することで不安が軽減します。座席の位置は、教師の近くで困ったときにフォローしてもらえたほうがよい場合もあれば、人にあまり見られない場所がよい場合もありま

す。他の子どもの通行が少なく落ち着いた場所もよいとされます。周りに座る子どもは、普段からよく遊んだり、話ができたりする顔ぶれにすると、グループ活動なども参加しやすくなります。

〔内面の評価〕

　場面緘黙の子どもに対して、教師や保護者は発話ができたか否かで評価してしまいがちです。意識的に内容に目を向け、その子がもつ考えや好きなこと、得意なことに関心を示し、折に触れてほめるようにします。場面緘黙の特性として、他者からどのように思われるかを過度に気にするあまり、自分の意思が反映される活動全般に強い不安と抵抗を感じることがあります。内面を積極的に評価することで、自己表現に対する不安が低減し、活動参加や発話にプラスに働きます。

(2) 表出・参加方法の工夫

〔発話に代わる方法の使用〕

　音読や発表が難しいときは教師や仲のよい子が代読してもよいですが、一緒に声を出すという条件であれば口パクや小声でできることがあります。また、話せなくても書くことはできるので、黒板に書く機会を多く与えたり、その他にも、各自にホワイトボードを用意して回答を一斉に提示したりといった方法が考えられます。グループワークでは付箋を活用してもよいでしょう。また、家で録音や録画したものを提出することで、音読の宿題を確認したり、歌や演奏のテストを行ったりすることができます。皆の前で作文や工作などに取り組むことに抵抗がある場合も、一部を家庭で行うようにするとよいでしょう。

〔行動抑制が強い際の配慮〕

　場面緘黙の子どもの中には、身体の緊張が強く、思い通りに動くことができない者もいます。そのため、宿題などの提出物を出す必要のあることはわかっていても、朝の時間に出せない場合があります。教師のほうから取りに行ったり、いつでも提出ができるようなボックスを用意したりしておくなどの配慮が必要です。また、教室移動が必要な際にも、席から動けずにいる場合があります。誰かの声かけがあると動けることがあるので、仲のよい友人の協力があるとよいでしょう。身体を動かすことが中心の体育においては、個人競技はでき

ても集団競技はコミュニケーションが関わることから苦手な場合があります。この際も、どの方向に動けばよいか、誰からボールを受けて、誰に渡せばよいかといった積極的な声かけがあると、身体も動かしやすく参加が促進されます。

〔係や班を決める際の配慮〕

　希望する係を順番に聞いて、挙手で意思を確かめる方法がとられることは多いかもしれません。しかし、自ら積極的に意思表示をすることに困難を示す場面緘黙の子どもにとっては、不適切な方法となり得ることがあります。アンケートなど、落ち着いて意思表示ができる方法を選択し、平等に参加できるような配慮が望まれます。

(3) 対人関係への配慮

〔休み時間における孤立の未然防止〕

　場面緘黙の子どもの中には、休み時間に席から動けずに座ったままの者や、図書室など一人で過ごせる場所に回避する者もいます。内心では遊びに誘ってほしかったり、話しかけてほしかったりしますが、周囲からの働きかけに対して反応が乏しいため、そのうち話しかけられなくなります。周囲には、場面緘黙の子どもの本心（話しかけてもらうことは嬉しい、心の中ではありがとうと思っているなど）が理解されるよう努め、孤立を防ぐような学級の雰囲気づくりが求められます。

　以上、場面緘黙に有効な対応方法を示しましたが、各々の状態には個人差があり、求められる配慮も異なるため、本人と意思確認しながら決めていくことが重要です。

③ 発達障害における情緒面や行動面の問題への対応

　発達障害の二次障害は、「起こさないこと」に配慮することが必要です。そのためには、予防的対応が非常に重要になります。早期に障害特性に気づき、その特性に応じた教育・支援を行うことで、二次障害を未然に防ぐことができます。環境との相互作用による問題理解及び環境調整を基本とし、具体的な教育・支援方法は、第2章を参考にするとよいでしょう。

　前節では、発達障害と不登校の関連が高いことを述べました。発達障害のあ

る子どもの障害特性に基づく不登校・環境不適応の場合、「子どもを信じて見守り、何もせずに待つ」という一般的な不登校への対応は、必ずしも適切とはいえません。発達障害の不登校支援においては、その障害特性に応じた対応が必要といえます。塩川（2011）はLD、ADHD、ASDの不登校への対応の留意点を次のように示しています。

LDでは「学習支援」が有効とされます。教師が「やればできる」的な視点から、不得意科目を徹底的に頑張らせるという状況は悪循環を引き起こしやすいため、注意が必要です。「できない科目を努力させてできるように」ではなく、「できる科目をもっとよくできるように」「できない科目はお手伝い」という視点で対応にあたることが重要です。

ADHDでは「行動支援」が有効とされます。LDと重なる部分もありますが、ADHDでは失敗経験が学業にとどまらず、日常生活、対人関係全般に及びます。基本は、どうやって子どもに成功体験をもたせるか、どうやって自信を回復させるかです。「失敗したことや悪い行動を責める」のではなく、「うまくいったことやできたことを認める・ほめる」「失敗したことは次どうやるか決める」といった対応が重要です。また、非行グループや非行文化への接触をできるだけ少なくする工夫も必要です。

ASDでは「行動の成り立ちの理解」と「環境調整」が有効とされます。背景にある特徴的な教条主義（これでなければダメといった、特定の原理・原則に固執する応用のきかない考え方や態度）や、字義通りに物事を理解する傾向に気がつくことが大切です。それをもとに行動の成り立ちを分析し、環境を調整していくことになります。ASDでは、いじめを中心とする思春期の対人関係上の機微は、適応困難な状況を引き起こしやすくします。状況によっては、登校を目標にするのではなく、まずは日常生活のリズムを取り戻すこと、生活の質を改善し、よりよい状態で不登校を続けること、不登校の時期を有意義に過ごすことなどを目標にすることも考えられます。このように、ASDの支援では、決まった方法にこだわらず、「やってみてうまくいかなければ、また次の手を打つ」という柔軟性が求められます。

また、鈴木ら（2017）は、発達障害のある不登校児の再登校に際して、特別支援学級へ転籍したケースでは、皆不登校が解消されたことを報告していま

す。通常学級、特別支援学級、教育支援センター（適応指導教室）、保健室等
の別室など、代わりとなる学びの場も視野に入れた検討が求められます。

　発達障害における不登校では、上記の教育的支援のみでは対応が困難なケー
スもあります。もともとの発達障害特性の増強、併存症、他の二次障害、被虐
待など、医療・福祉機関と連携が必要なケースもあります。必要な専門機関
（医療機関、発達障害者支援センター、児童相談所など）と連携を図り、複数
の窓口からつながるようにしておくことが重要です。

キーワード

個人と環境との相互作用：個人が示す行動は、人的・物理的な環境の
影響を受けて、その頻度が増えたり減ったりすることです。環境には
構造物などの物理的なものだけでなく、相手の反応といった人的なも
のも含まれます。例えば、スマートフォンのナビゲーター（物理的環
境）によって、目的地に迷わずたどり着くことを経験した人は、その
アプリケーションに頼ることが増えるのではないでしょうか。人的環
境の例としては、冗談を言ったときに相手が笑えば次も冗談を言う、
逆に怪訝な顔をされれば言わなくなるといったことが該当します。

●引用・参考文献

久田信行・金原洋治・梶正義・角田圭子・青木路人.（2016）. 場面緘黙（選択性緘黙）の
　多様性——その臨床と教育. 不安症研究, *8*, 31-45.

石﨑優子.（2017）. 子どもの心身症・不登校・集団不適応と背景にある発達障害特性. 心
　身医学, *57*, 39-43.

金原洋治.（2007）. 不登校事例の背景にどのくらい発達障害が関与しているか——発達頻
　度と対応について. 日本小児科医会会報, *33*, 115-118.

河井芳文・河井英子.（1994）. 場面緘黙児の心理と指導——担任と父母の協力のために.
　田研出版.

金泰子.（2011）. 発達障害と心身症. 発達障害医学の進歩, *23*, 9-24.

Matsushita, H., Okumura, M., Sakai, T., Shimoyama, M., & Sonoyama, S. (2019). Enrollment
　rate of children with selective mutism in kindergarten, elementary school, and lower
　secondary school in Japan. *Journal of Special Education Research*, *8*, 11-19.

宮本信也.（2011）. 発達障害における行動・精神面の問題. 発達障害医学の進歩, *23*,
　1-8.

文部科学省. (2013). 教育支援資料〜障害のある子供の就学手続と早期からの一貫した支援の充実〜.

文部科学省. (2019). 児童生徒の問題行動・不登校等生徒指導上の諸課題に関する調査結果.

Okumura, M., & Sonoyama, S. (2015). Voice volume feedback and in vivo exposure intervention for a high school student with selective mutism. *Journal of Special Education Research, 3*, 55-64.

奥村真衣子・園山繁樹. (2018). 選択性緘黙のある児童生徒の学校場面における困難状況の理解と教師やクラスメイトに求める対応——経験者への質問紙調査から. 障害科学研究, *42*, 91-103.

齊藤万比古. (2009). 発達障害における二次障害をどうとらえるか. 齊藤万比古 (編著), 発達障害が引き起こす二次障害へのケアとサポート (pp. 12-39). 学研プラス.

塩川宏郷. (2011). 発達障害と不登校. 発達障害医学の進歩, *23*, 43-52.

鈴木菜生・岡山亜貴恵・大日向純子・佐々木彰・松本直也・黒田真実・荒木章子・高橋悟・東寛. (2017). 不登校と発達障害——不登校児の背景と転帰に関する検討. 脳と発達, *49*, 255-259.

（エピソード・スタディ）

プロフィール　ユリ、中学1年生、女子。ASD、不注意型ADHD、不登校。通級による指導や特別支援学級の利用はなく、通常学級に在籍する。

子どもが抱える困難・課題　ユリは小学校までは休むことなく、問題なくクラスで過ごしていたとのことです。学習の遅れは見られず、他の子どもや周囲に危害を加えるような問題行動もなく、どちらかというと大人しく、いわゆるよい子でした。しかし、中学校に進学してしばらくすると、不登校になってしまいました。登校を促すと腹痛や頭痛を訴えるようになったため、医療機関に相談にいくと、ASDと不注意型ADHDの疑いがあると告げられました。なぜ、不登校になるまで気づかれなかったのでしょうか。

解説　この事例は、他害等の外向性の問題がないために、発達障害の行動特性が目立たず、診断や教育的配慮が遅れてしまったケースです。本

人は幼少期より、不注意型ADHDの特性から教師の指示を聞き漏らすことがあり、周囲のすることを真似て、後追いで行動してきました。また、ASDの特性から、表面的な知識を蓄積することはできても、意味を深く理解することは苦手でした。そのため、穴埋めなどで知識を問うテストはよくできる一方、説明が求められるものには困難を示していました。中学校に入ると、教科担任制でそれぞれ進め方が異なることへの困惑や、授業のスピードの速さから友だちを真似ての行動では追いつけなくなったこと、さらには、より概念的・抽象的な学習内容につまずいたことなどが、不登校に至った要因と考えられます。

　行動特性が目立たず、困り感を認識したり表現したりするのが苦手な子どもたちのサインを見落とさないためには、教師は学力のみならず、授業中の態度、登校時刻や提出物の期限などルール順守の能力、班活動や学校行事への参加態度、休み時間の友だち同士のコミュニケーションの能力など、積極的できめ細かな観察が求められます。

場面緘黙の発話に向けた専門機関との連携支援

奥村 真衣子

1. 学校における場面緘黙支援の課題

　場面緘黙の子どもに関する認知度は、近年メディアで取り上げられたり、理解や支援に関する書籍が出版されたりする中で、以前より高まりを見せています。筆者が担当する教育相談においても、教師や保護者からの相談が増えている状況です。

　Matsushita et al.（2020）の教師に対する意識調査では、学校現場においては場面緘黙がどんな状態を指すか知ってはいるものの、具体的な対応に関しては課題を有していることが報告されています。特に、学内外のリソースを活用したより専門的な支援の必要性を感じながらも、その体制構築に苦慮している状況です。場面緘黙の子どもの教育的支援としては、発話に代わる方法で授業に参加したり、座席やグループを配慮して良好な人間関係の中で学んだりといった、いわゆる合理的配慮が求められます（まだまだ十分な実施には至っていません）。これらは、学校場面における安心感を高めるとともに、話せなくても自分に合った方法で参加できるという点では効果がありますが、「話す」という本人が一番困っている部分は改善が見られにくいといった課題もあります。

2. 発話を支援するための方法

　では、場面緘黙の子どもの「話したい」という思いをどう支えていけばよいでしょうか。それに応えるためには、行動療法（行動技法を用いて行動を形成したり修正したりする心理療法のこと）に基づく専門的支援が必要になります。大学や医療機関等の専門機関と連携して、アセスメントから支援計画の立案、実施、評価を行うケースが多いでしょう。この連携支援において重要な役割を担うのは担任です。場面緘黙の子どもが話せない場所は学校なので、行動

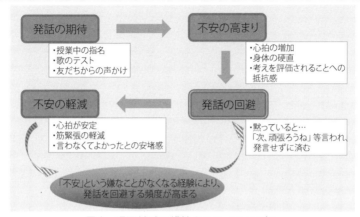

図1　場面緘黙が維持されるメカニズム

療法の実施場所は学校で、実施者は担任というのが基本になります。保護者は学校と専門機関をつなぐ役割を担います。

　行動療法に基づく支援の実施にあたり、まずは場面緘黙が維持される心理メカニズムを理解する必要があります（図1）。場面緘黙の子どもは、発話が求められる場面になると、不安が高まるため黙ってしまいます。そうすると、教師はたいてい「次、頑張ろうね」などと言うので、子どもは発話をせずに済んでしまいます。その結果、不安から解き放たれるため、次も同じような場面では話さなくなります。

　場面緘黙の子どもにとって、自らこのループを断ち切ることは非常に難しいことです。そこで、行動療法を用いることが、この話せないループを断ち切り、発話体験を積み重ねることになります（図2）。これを"Brave Work（勇気をもつ練習）"とも呼びます。さて、どのようにして発話のきっかけをつくるか考えてみてください。答えは、不安が最小限の活動を提示することです。本稿では詳細なアセスメントは省略しますが、どのような活動の不安が低く、逆に高いのかを調べ、不安が低い順に並べ替えた不安階層表を作成します。作成のコツは、必ず成功するようにスモールステップで計画することです。そこで、筆者が、保護者を中核にして学級担任と取り組んだコンサルテーションの事例について紹介します。

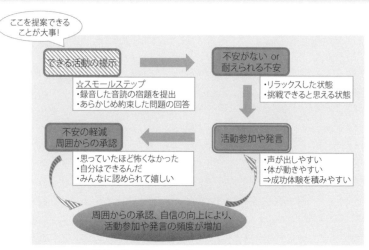

図2　場面緘黙を打開するメカニズム

3. 連携支援の実際

　アセスメントに基づき、筆者・保護者・対象児（小4）・担任と協議のうえ、図3のような "Brave Work" の不安階層表を作成しました。不安の低いものから順に、その週に行う "Brave Work" を決めて実施し、実施後は毎回、不安度（5段階）を評価します。不安が高すぎる場合はレベルを下げ、不安を感じなくなったら次のステップに進みます。不安度評価に基づく振り返りを行うことが重要で、子ども自身が「みんなの前で黒板に書くことは不安度が0になった」「ICレコーダーに録音するのは緊張しなくなった」「口パクは緊張しないけど、"はい、元気です" とみんなに聞こえる声で言うのは端から2番目くらい緊張する」といったように、自己を客観的に把握できるようになるとともに、挑戦すれば不安は低減していくことを学習することができます。

　思春期以降になると、周囲の目を気にすることから「今はまだ話すタイミングじゃない」という意識が働き、"Brave Work" を行うことが難しくなることもあります。本人の話したいという意思と歩調を合わせ、支援を検討していくことが望まれます。

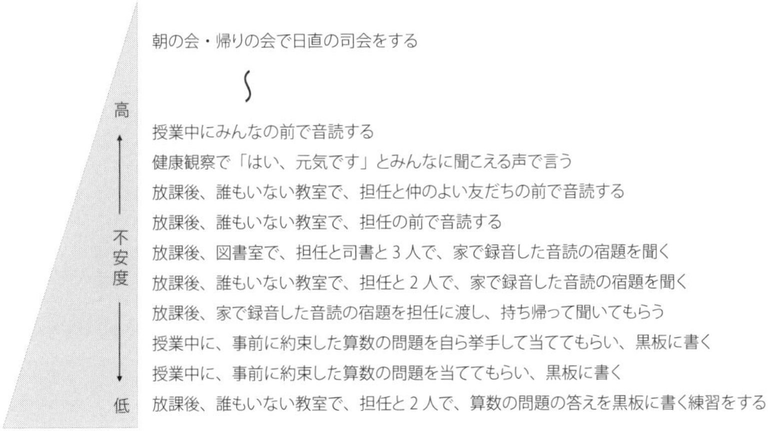

高 ↑ 不安度 ↓ 低

朝の会・帰りの会で日直の司会をする

〜

授業中にみんなの前で音読する
健康観察で「はい、元気です」とみんなに聞こえる声で言う
放課後、誰もいない教室で、担任と仲のよい友だちの前で音読する
放課後、誰もいない教室で、担任の前で音読する
放課後、図書室で、担任と司書と3人で、家で録音した音読の宿題を聞く
放課後、誰もいない教室で、担任と2人で、家で録音した音読の宿題を聞く
放課後、家で録音した音読の宿題を担任に渡し、持ち帰って聞いてもらう
授業中に、事前に約束した算数の問題を自ら挙手して当ててもらい、黒板に書く
授業中に、事前に約束した算数の問題を当ててもらい、黒板に書く
放課後、誰もいない教室で、担任と2人で、算数の問題の答えを黒板に書く練習をする

図3 "Brave Work"の不安階層表（例）

●引用・参考文献

Bergman, R. L. (2013). *Treatment for children with selective mutism: An integrative behavioral approach*. New York: Oxford University Press. （バーグマン，R. L.（著），園山繁樹（監訳）．(2018)．場面緘黙の子どもの治療マニュアル──統合的行動アプローチ．二瓶社）

Kotrba, A. (2014). *Selective mutism: An assessment and intervention guide for therapists, educators & parents*. Eau Claire: PESI Publishing & Media. （コトルバ，A.（著），丹明彦（監訳）．(2019)．場面緘黙の子どものアセスメントと支援治療──心理師・教師・保護者のためのガイドブック．遠見書房）

Matsushita, H., Okumura, M., Sakai, T., Shimoyama, M., & Sonoyama, S. (2020). Difficulties faced by children with selective mutism in schools and support thereof. *The Journal of Special Education Research, 9*, 23-34.

第**3**部

さまざまな障害を
有する子ども

第4章 視覚障害のある子どもの理解と支援

小林 章

1. 視覚障害とは

① 特別支援学校（視覚障害）生徒の障害原因

　特別支援学校在籍者の視覚障害の原因に目を向けると、中途視覚障害者の施設に多く見られる眼疾患の生徒が多数いることに気づきます。「全国視覚特別支援学校子どもの視覚障害原因等に関する調査研究—2015年調査—報告書」（柿澤, 2016）によれば、19歳以上の在籍生徒が約30％を占めており、そのことが視覚障害原因の内容にも反映されています。この報告書の視覚障害原因に

表1　子どもの視覚障害原因

No.	視覚障害原因疾患	人数	（%）
1	未熟児網膜症	543	(18.40)
2	網膜色素変性症	446	(15.11)
3	小眼球・虹彩欠損	321	(10.88)
4	視神経萎縮	321	(10.88)
5	緑内障・牛眼	182	(6.17)
6	視中枢障害	120	(4.07)
7	視神経欠損	93	(3.15)
8	白内障（含む摘出後）	92	(3.12)
9	硝子体疾患　その他	90	(3.05)
10	糖尿病網膜症	87	(2.95)
11	網膜芽細胞腫	86	(2.91)
12	網脈絡膜疾患　その他	84	(2.85)
13	角膜白斑	81	(2.74)
14	黄斑変性	78	(2.64)
15	網膜剥離	60	(2.03)
16	その他	267	(9.05)
	合計	2,951	(100.00)

※ 柿澤（2016）をもとに筆者作成

ついて頻度の高い順に整理したのが表1です。

　1位の未熟児網膜症は早産が原因で生じる網膜の損傷です。先天性の障害に分類されます。2位の網膜色素変性症は中途視覚障害者の失明原因でも2〜3位を占める眼疾患です。3位の小眼球・虹彩欠損は先天性の構造異常、5位の牛眼は先天性の緑内障、11位の網膜芽細胞腫は先天性の眼腫瘍です。これら5つ以外のものは、先天性でも後天性でもあり得る眼疾患です。

② 全盲・弱視・ロービジョン

　視機能の状態を示す指標として視力と視野がありますが、検査室で測る視力値が同じでも現実の風景の見え方は眼の状態や環境条件によって大きく異なります。視野が欠けた部分でも、まったく見えない、見えにくいなどの個人差が見られます。また、視覚障害は眼球の疾患や異常によって生じるものと思いがちですが、必ずしもそうではありません。視覚障害原因の6位に「視中枢障害」とありますが、これは脳の後頭葉にある視覚情報を処理する視覚野の損傷によって生じる視覚障害です。皮質盲とも呼ばれます。無酸素状態、脳血管障害や外傷、脳腫瘍などで後頭葉を含む脳に損傷を受けることで生じる障害です。ヒトの視覚認知機能が十分に発達するためには、生後6年くらいの時間を要します。もしもこの間に斜視、白内障、強度の屈折異常、眼瞼下垂などで視覚情報が遮断されると、視覚の発達が阻害され「弱視」の状態になります。このような視覚的発達障害を医学領域では「弱視」と呼び、疾病や構造上の異常等が原因で見えにくくなった状態を医学的弱視と区別するために、「ロービジョン」とも呼びます。　特別支援学校における全盲とロービジョンの生徒の割合は、拡大すれば文字が読める指数弁以上の視力をロービジョン、拡大して

表2　特別支援学校生徒の視力別人数

視力	人数	（％）
0〜手動弁	855	(30.89)
指数弁〜1.5	1,801	(65.07)
不明	112	(4.05)
合計	2,768	(100.00)

※ 柿澤（2016）をもとに筆者作成

も文字を読むことが難しい手動弁以下の視力を全盲とした場合、ロービジョンの生徒が約65%、全盲の生徒が約31%を占めています（表2）。

 キーワード

手動弁と指数弁：「手動弁」とは、検者の手掌を被検者の眼前で上下左右に動かし、動きの方向を弁別できる能力を指します。「指数弁」は、検者の指の数を答えさせ、それを正答できる最長距離により視力を表すもので、「50cm／指数弁」「30cm／指数弁」等と表記します。指の太さが0.1の視力を測るランドルト環の太さ、1.5cmに近似していることから、「50cm／指数弁」は0.1のランドルト環を50cmで測ったことと同等と考え、視力0.01に相当すると考えることができます。

③ ものが見える原理と見えにくさの多様性

　ものが見える原理はデジタルカメラの構造とよく似ています。水晶体はカメラのレンズ、網膜はCCD（イメージセンサ）に相当する役割を果たします（図1）。CCDに映された映像は電気信号に変換され、画像処理エンジンへ運ばれ

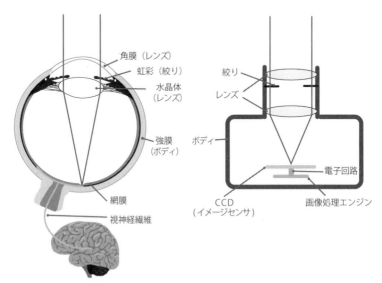

図1　眼球とデジタルカメラ

ます。網膜に映った映像も電気信号に変換され、視神経のケーブルを通り視覚中枢に運ばれます。視覚中枢はデジタルカメラの画像処理エンジンと同様の働きをします。

　デジタルカメラの故障が部品やケーブルの損傷で生じるように、視覚障害も眼球以外の組織の損傷でも生じます。以上のことを踏まえて、代表的な見えにくさについて整理しながら解説します。

(1) 視力低下

　視力低下は近視、遠視、乱視などの光学的な理由だけではなく、視神経、視覚中枢が損傷を受け、機能が低下することによっても起こります。損傷の原因としては網膜の疾患、脳内の出血、腫瘍、外傷などが考えられます。

(2) 視野障害（視野狭窄、暗点、半盲）

　網膜の疾患や損傷によって視細胞や視神経、視覚中枢の一部が機能不全に陥ると視野の欠損が生じます。また網膜の損傷による視野障害の場合、損傷の場所により残存視力に差が生じます。求心性視野狭窄といわれる中心視野が残っている人は読書ができるほど視力が残ることがありますが、移動や探索行動などがとても難しくなります。食品用ラップの細長い筒を通して風景を眺めることに似ています。これとは逆に、網膜の中心部分には黄斑部と呼ばれる解像度の高い領域があり、この部分に損傷を受けると中心暗点という重篤な視力低下や視力喪失が生じます。視線を向けた部分が見えないこともストレスとなります。ところが足元の視野が残るため、不思議なことに歩くことには困らなかったりします。脳卒中、脳腫瘍、頭部外傷などで視神経路や視中枢に損傷を受けると、半盲といって、注視点を境界として、片眼または両眼の視野の左半分、あるいは右半分が見えなくなる視野の欠損が生じます。半盲には、両眼視野の同側が欠損する同名半盲と、反対側が欠損する異名半盲があります。

(3) 透光体混濁

　眼球組織の中で眼の表面の角膜、レンズに該当する水晶体、眼球の内容物である硝子体は透明な組織です。それらの透明な組織が濁ることを透光体混濁と

呼び、すりガラス越しに見るような見えにくさが生じます。視力低下と同時に、コントラストの低いものを見分けることが難しくなります。例えば、ガラス張りのビルの入り口を探すことや、タイル張りのデッキの下り段差を見つけること等はとても大変です。また、眼の中に光が入ってくると視界が真白になり、何も見えなくなるほどのまぶしさが生じます。

(4) 明順応・暗順応の低下

　ロービジョンでは透光体混濁がなくても強いまぶしさを感じる人が大勢います。その反面、暗順応に時間がかかる人もいます。教室から電気の消えた廊下に出るとしばらく動けない人もいます。盲学校の在籍者にも多い網膜色素変性は、暗順応の障害と夜盲が典型的な症状として現れます。夜盲とは、昼間は行動に支障がないくらいよく見えるのに、暗い場所では全盲のように視機能が働かなくなる障害です。それとは逆に、先天性の全色盲の人は昼盲と呼ばれるほど明るさに弱い人たちです。

2. 視覚障害のある子どもの心理・発達

1 視覚障害児が歩くこと

　特別支援学校（視覚障害）の自立活動では、歩行訓練の対応の難しさがしばしば話題になります。歩行訓練士と呼ばれる専門技術の養成研修を受けた教員が少ないことが原因です。歩行訓練士は主に白杖と呼ばれる細い長い杖を使って歩く技術を生徒に指導します。この技術は第二次世界大戦中の米国で生まれ発展してきたもので、訓練の対象者は戦争で失明した傷痍軍人でした。つまり、大人になるまで障害がなく、正常に運動機能も概念も発達した大人を対象として考案された技術です。その技術を使いこなすには大人の筋力が必要だという理由から、日本の特別支援学校（視覚障害）では小学部の高学年以上にならないと歩行訓練を行わないところもあります。はたしてそれでよいのでしょうか？　一人で外出できることはヒトとしてきわめて重要な技能であり、社会生活を送るうえで必須ともいえるくらい欠くことのできない基本技能です。先天性の視覚障害児には背筋、首、腰、膝が曲がる、肩が落ちる、つま先が外を

向く、すり足で歩く、足を左右に広くひろげて歩くなど、高齢者に見られるような姿勢の特徴が高頻度で見られます。その原因は、感覚運動機能が十分に発達しないためだといわれています。感覚運動機能とは、各感覚器からの情報を分析して必要な運動の出力を制御する働きのことを意味します。

　ヒト が立位の姿勢を維持しているとき、脳はバランスを維持するための活動を絶えず高次の領域で行っています。この活動を支えるためにヒトは視覚、平衡感覚、固有感覚（深部感覚）の3つの感覚情報を使っています。平衡感覚は内耳にある前庭器の情報に基づく感覚で、急激な動きを伴う身体の傾きを感じ取ることができます。固有感覚は身体中の筋、腱、関節の中に多くの受容器をもち、身体各部位の微妙な傾きや力のかかり具合を感じ取ることができます。視覚は平衡感覚と固有感覚に加えて、姿勢の変化を視覚情報としてフィードバックをする働きをします。これら3つの感覚器からの情報を脳が高次の領域で瞬時に統合して傾きを判断し、必要な筋を緊張させてバランスを維持します。しかしこの制御ができるようになるには、身体運動の体験を通して脳が感覚器からくる情報の意味を学習していく必要があります。また、バランスを維持するためには抗重力筋の十分な発達が必要です。この発達が不十分な場合、身体の重心位置を低くする、支持基底面を広くする、重心移動の時間を最小限にすること等によってバランスを維持しようとします。つまり高齢者のような姿で歩けば重心位置が下がり、バランスを崩しにくくなるので、結果的に高齢者のような歩き方になってしまうのです。

② 発達に必要な早期支援

　ヒトが歩けるようになるための過程は定頸、寝返り、お座り、四つん這い、つかまり立ち、伝い歩き、独歩の順で発達するといわれており、どの項目も後の運動技能の質に重要な影響を及ぼすといわれます。頸のすわりは頭を動かすことで発達しますが、自発的な頭の動きは視覚的な刺激がないと生じにくくなります。定頸が獲得できなければ寝返り以降に進めません。また、認知や物体の概念、空間の概念等、さまざまな発達が自発運動の発達の過程で同時に発達していくため、赤ちゃんに視覚障害が疑われたら極力早い時期から発達を促すための支援が重要です。例えば、赤ちゃんに声をかけながら触れる、赤ちゃん

を動かす、音の出る玩具などに触れさせる等の支援です。ヒトには反射、反応の仕組みがあり、筋力が十分に発達していなくても刺激によって筋が緊張する現象が生じます。赤ちゃんの身体を横に傾けると、頭部を直立に戻そうとする立ち直り反応が生じます。この反応は視覚性と迷路性があり、視覚が使えない状態でも生じる反応です。この反応によって平衡感覚や固有感覚が刺激されます。声をかけながら赤ちゃんの身体に触れる、音の出る玩具などに触れさせる等により音と物体の概念が形成され、音のする物体へ手を伸ばすこと、物体へ向かって移動することなどの自発的な活動の誘発を目指します。それらの活動によって方向や距離などの空間概念も形成されていきます。

③ 発達の臨界期

ある時期の経験が発達上重要な影響をもつ時期が発達の初期にあることが知られており、その時期を過ぎると修正が著しく困難になると考えられています。視力の発達では7歳くらいまで、歩容については3歳くらいまでに基本的に成熟し、変化が見られるのは7歳くらいまでといわれています。このことは、学齢期に達してからの歩行訓練では歩容の改善は難しいことを示しています。

3. 視覚障害のある子どもの教育・支援方法

視覚障害児教育ですべての事柄に対する配慮として共通する基本的な視点があります。視覚が活用できない生徒に対しては触ってわかりやすいもの、聞いてわかりやすいものであること。ロービジョンの生徒に対しては、見えやすい大きさとコントラストのものであることと、まぶしさ・暗さを防ぐことを考慮します。学校内の環境整備、使用する教材・教具、さまざまな機器や用具の選定すべてに適用できる視点です。例えば、環境的配慮として床面、路面が平坦で壁が続く場所は安全ですが、壁のない場所は床面に触覚的な手掛かりを設けると全盲の生徒の手立てとなります。その触覚的手掛かりに床面に対してコントラストの高い色をつければ、ロービジョンの生徒にも便利になります。出入り口のわかりにくいところには音源をつけると全盲の生徒にはわかりやすくな

りますし、出入り口の縁にコントラストの高い色づけをするとロービジョンの生徒にわかりやすくなります。

　教材や教具の工夫にも同様のことが当てはまります。例えばマジックテープを活用して時間割表を作るとします。白い台紙の上に黒のマジックテープで枠を作れば、触覚的にもわかりやすく、コントラストが高いので視覚的にもロービジョンの生徒に見えやすいものになります。枠の内側には触っても見てもわかりやすいシンプルなシンボルをマジックテープで貼り付けられるようにすると便利でしょう。教材・教具のアイデアは各特別支援学校のホームページで公開されているものもありますので、参考にされるとよいでしょう。

　障害のない子どもは視覚的な模倣によって多くのことを学びます。その点、見えない、見えにくい視覚障害児は学習において大きな課題をもっているといえます。とはいえ、ロービジョンの児童にはなるべく見える教材を使ってもらうことが重要です。見えない児童には触って学習することと、動作や姿勢に関することは、教員が手に触れて形を教えることが固有感覚を刺激する意味でも重要です。

　この10年の間にもIT技術が大きく進歩して、スマートフォンやスマートスピーカーでいろいろなことができるようになりました。視覚障害のある子ども専用の機器を買わなくても済むくらい便利になっています。これらの先端技術の恩恵に与かれるようになることは、とても重要なことですが、自立する生活力を高めるためにはアナログ的な技能も小さい頃から身につけるべきです。点字の読み書きや杖一本で自由に歩けるようにすること、外国語を含む言葉を磨くことなどは間違いなく将来の交流の世界を広げることになるでしょう。

●引用・参考文献

香川邦生（編著）．（1996）．視覚障害教育に携わる方のために．慶應義塾大学出版会．

柿澤敏文．（2016）．全国視覚特別支援学校自動生徒の視覚障害原因等に関する調査研究―2015年調査―報告書．

小嶋秀夫・速水敏彦（編）．（1990）．子どもの発達を探る．福村出版．

岡本勉・岡本香代子．（2013）．乳幼児の歩行獲得――立位から安定した歩行へ．歩行開発研究所．

Rosen, S. (2010). Kinesiology and sensorimotor functioning for students with vision loss. In

Winter, W. R., Welsh, R. L., & Blasch, B. B. (Eds.), *Foundations of orientation and mobility* (3rd ed. Vol. 1, pp. 138-172). New York: AFB Press.

Shumway, A., & Woollacott, M. H. (2007). *Motor control: Translating research into clinical practice* (3rd ed.). Pennsylvania: Lippincott Williams & Wilkins. (シャムウェイ，A. & ウーラコット，M. H. （著），田中繁・高橋明（監訳）．(2009). モーターコントロール——運動制御の理論から臨床実践へ　原著第3版. 医歯薬出版)

（ エピソード・スタディ ）

プロフィール　サクラ、女児、2歳0ヶ月、先天性無眼球症による全盲。運動機能に障害はないが、寝返りができない状態。室内では背這いにより移動している。これまで両親が相談できる施設についての情報をもっていなかったため、どう関わってよいかわからないまま自宅で過ごしてきた。

子どもが抱える困難・課題　両親が教育相談の場に、今後の発達や就学のことが心配で相談に来ています。両親にとっては初めての子どもで、まったく目の見えない娘に対してどう接してよいのかわからないでいます。サクラは運動機能には障害がないのに、2歳になっても背這いしかできないのはどうしてでしょうか？　今後，サクラに対する両親の関わり方について、どのような助言をしたらよいでしょうか？　また、特別支援学校の教員として、今後どのような支援ができるでしょうか？　今後の発達の可能性をイメージしながら助言すべき内容を検討してみましょう。

解説　1回目の相談のときには、サクラの発達を支援するために必要なことをお母さんに聴いてもらいました。2回目の相談のときには、サクラへの関わり方を実際にお母さんに見てもらい、自宅で毎日同じようなことをするように伝えました。その後、3歳になるまで週1回の頻度で支援学校に来てもらい、お母さんにサクラと遊んでもらいました。その過程で腹這い、膝這いができるようになりました。3歳になると、特別支援学校の幼稚部へ入学しました。入学後は毎日広い校舎内を膝這いで動きまわ

るようになり、膝這いで階段の上り下りもできるようになりました。その後、つかまり立ちからの伝い歩きを経て、カタカタを押して歩くようになりました。身体は正面を向き背筋が伸びています。それから3ヶ月ほどが過ぎ、サクラはカタカタにつかまらずに歩くようになりました。小学部へ入学する頃には、一人歩きができるようになりました。

　関わり方のポイントとして、正常に発達した赤ちゃんは、遅くとも1歳半くらいまでには独歩ができるようになることから、親御さんはどうしても、その頃までに歩けるようにしたいと考えがちです。しかし、将来の活動に備えるためには、暦の年齢にとらわれずに、正常な発達の順序に沿った発達の支援が重要であることを、忘れないようにしましょう。例えば、最初は寝返りがうてるように、次には腹這いができるようにするためには、具体的にどのような支援が可能か考えてみましょう。

学びの多様性について

加藤　松次

1．適応指導教室から通信制高校に

　ハル（通信制高校の4年次女子）は、小学2年生から不登校になり、中学校を卒業するまで適応指導教室に通っていました。不登校の原因はクラスメイトや担任との人間関係だそうです。中学校を卒業後、いったんは全日制高校に入学しましたが、数ヶ月で退学し他の高校の通信制に入学しました。人間関係を築くのが苦手なので、自宅での自学自習を主とする通信制で、高校生活をやり直したいと考えたそうです。ハルは自分なりに心のバランスを保ちながらスクーリングを受けていましたが、4年次を迎える直前、ネット上で知り合った男性との関係がきっかけで情緒が不安定となり、スクーリングやレポートの作成がままならなくなりました。

　ハルの高校は昼夜間開講の定時制課程と通信制課程を置く単位制高校です。4年次の担任はハルについて詳しく知りたいと思いましたが、あいにく元担任たちはすべて異動していました。ただ、幸いなことに、特別支援教育コーディネーターでもある部活動の顧問から、これまでの様子を少し聞くことができました。また、情緒が不安定になったハルが、スクールカウンセラーのカウンセリングを希望したため、担任はその橋渡しを務めながら、自身もスクールカウンセラーからコンサルテーションを受けて、ハルに対する支援を行いました。信頼関係を築きながら、進路についても悩んでいたハルの相談に丁寧に対応しました。ハルは母親が介護の仕事をしている影響で大学に進学して、将来は社会福祉士か精神保健福祉士になりたいと考えていました。ハルは徐々に落ち着きを取り戻して、自分に関わってくれた人たちへの感謝も口にするようになりました。

　ところが、修学旅行や学校祭に参加した心身の疲労から再び情緒が不安定となり、リストカットを繰り返したり、激しく泣き叫んだり、精神安定剤を多量

に服用したりするようになりました。ハルは精神科でも治療を受けていたのですが、卒業前の試験を受けられるかどうか難しくなってきました。主治医からは治療に専念したほうがよいと勧められましたが、ハルは試験を受けて卒業したいと切望しました。その後、ハルは入院することになってしまい試験は受けられませんでしたが、それに代わる課題を提出することで卒業が認められました。担任は卒業後も相談に乗り、ハルは社会福祉士や精神保健福祉士を目指して大学の通信教育課程に入学しました。

2. それぞれに合った学習環境の保障

　小学校や中学校で不登校だった生徒や、全日制高校や定時制高校を退学した生徒が、学び直しの場として通信制高校を選択することは少なくありません。全日制高校や定時制高校から転編入してくる生徒も含めて、難しい事情を抱えた生徒たちが、ここを最後の砦として高校生活を送っています。ハルは適応指導教室から全日制高校を経て通信制高校に入学してきましたが、生徒によってはフリースクールから通信制高校に入学してくる者もいます。そのために、通信制課程だけでなく、昼夜間開講の定時制課程も置かれているハルの高校は、フリースクールとの連携にも努めています。

　ハルは小・中・高と不登校だったわけですが、その気持ちに寄り添って、支えてくれた人たちがいました。ハルが小学2年生から中学校を卒業するまで通っていた適応指導教室では、経験豊富な指導員や相談員がそれぞれの子どもに合った支援を行っています。例えば、レクリエーションや野外活動などを通して自主性や社会性を培ったり、それぞれの興味や関心に沿った指導をしたりしています。場所も図書館や公民館だけでなく、歴史民俗資料館に設けられているところもあります。不登校のために学校で勉強する機会を失ってしまった児童や生徒に対して、学校への登校を強制せず、それぞれに合った学習環境を保障するために定められた「教育機会確保法」の観点からも、学びの多様性が認められていることをこの事例から知ってもらいたいと思います。

第5章

聴覚障害のある子どもの理解と支援

杉中 拓央

1. 聴覚障害とは

　聴覚障害とは、さまざまな原因から聴覚の機能が低下し、話し言葉や、身の周りの環境音がきこえにくい、きき取りにくい状態のことを指します。

1 耳の仕組み（図1）

　他から発せられた話し言葉や環境音は、まず音波となって耳介から集音され、外耳道を通って鼓膜を振動させます。

　鼓膜の振動は、3つの小さな骨（ツチ骨・キヌタ骨・アブミ骨）を介して、蝸牛に至ります。蝸牛には聴神経細胞があり、振動を電気信号に変える役割をもっています。そして、変換された信号が大脳へとつながることで、私たちは言葉や音を感じられるのです。

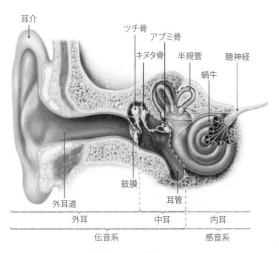

図1　耳の仕組み
※ MSK NEUROLOGY（https://mskneurology.com/）より、筆者訳

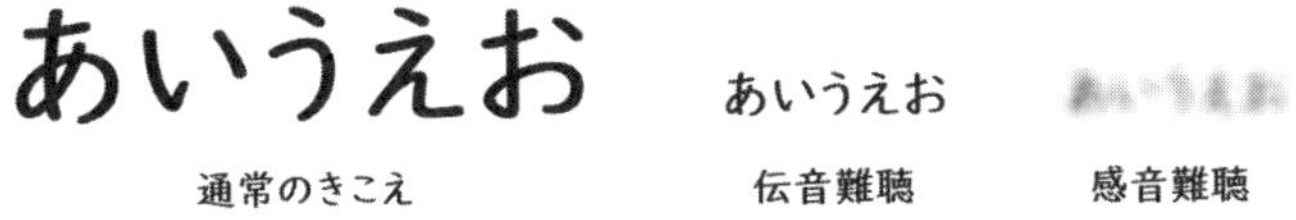

あいうえお

あいうえお	あいうえお	あいうえお
通常のきこえ	伝音難聴	感音難聴

図2　聴覚障害者のきこえのイメージ

　私たちの耳に届いた言葉や音の通り道は「音を伝える」伝音系（外耳・中耳）と「音を感じる」感音系（内耳）に分けられます。一口に「きこえにくい」といっても、どの部位に問題が生じているかによって、そのきこえ方や、対応方法も異なってきます。伝音系（外耳・中耳）に問題がある場合を「伝音難聴」、感音系（内耳）に問題がある場合を「感音難聴」といい、その双方が重複したものを「混合性難聴」といいます。

　伝音難聴は外耳・中耳の奇形・変形によるもので、外耳道の欠損や鼓膜の損傷、滲出性中耳炎による耳詰まり等からくるものです。したがって、手術や投薬によって回復することがあり、補聴器の装用も非常に有効です。

　感音難聴は、内耳が正常に機能していない状態で、多くは聴神経細胞に何らかの問題があります。その原因は、遺伝や胎内感染、高熱、薬害、原因不明のものまでさまざまです。きこえについては、障害のある子どもにより「音がぼやける・ひずむ・にじむ」と表現されます（図2）。もちろん個人差はありますが、補聴器を用いてボリュームを増幅しても、音の輪郭は不確かなままであるため、その効果は限定的です。また、感音難聴には、特に高周波（高い音）において、大きな音が健聴者より強くきこえてしまう「補充現象」があります。したがって、例えばいたずらにテレビの音量を上げても、逆の効果となることがあります。内耳や聴神経細胞に由来する感音難聴は、医学的治療が難しいのが現状です。なお、教室において支援を必要とする聴覚障害のある子どもの多くは、この感音難聴にあたります。

② 聴覚障害の評価

　聴覚障害の程度を評価する指標は主として2点あります。一つは聴覚レベル（dBHL）、もう一つは語音明瞭度によって表されます。これらは、それぞれ純音聴力検査、語音聴力検査によって得ることができます。

表1　聴力レベルの基準

聴力レベル	WHOによる基準	この範囲に含まれる音
0〜25dBHL	正常（健聴者）	時計の秒針（20dB）
26〜40dBHL	軽度	ささやき声（30dB）
41〜55dBHL	中等度	日常的な会話（50dB）
56〜70dBHL	やや高度	電話の呼び出し音（60dB）
71〜90dBHL	高度	犬の鳴き声（90dB）
91dBHL以上	非常に高度	車のクラクション（110dB）

聴覚レベルは、音の大きさを表すデシベル（dB）という単位が基準になっています（表1）。純音聴力検査で得られる聴力レベルを縦軸に、周波数を横軸にとった検査用紙を「オージオグラム」といいます（図3）。聴覚レベルの分類については教育・行政等によりまちまちですが、ここでは世界保健機関（WHO）の基準を紹介しています。ちなみに、わが国においては、両耳の聴力レベルが70dBを超える者に対し身体障害者手帳が交付されますが、そこに至らない聴覚障害のある子どももいます。

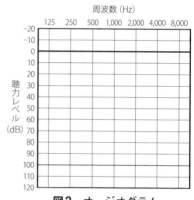

図3　オージオグラム
※　一般社団法人　日本聴覚医学会
Audiology Japan 投稿規定より

語音明瞭度は、言葉のきき取りやすさを示すもので、「ア」「キ」「シ」などの語音を一文字ずつ提示し、書き取るか発音してもらうことで、その正答率を算出します。これによって、聴覚レベルは足りていて、音としてはきき取れていても、それを言葉として判別できているどうかを確認することができます。

さて、わが国では、新生児の1000人に1人の割合で、先天性高度感音難聴の診断がなされています。これまでは、年齢を重ねてから保護者の呼びかけに応じない等の様子から受診し、聴力検査によって障害が発覚するケースも多くありました。しかし、近年は新生児聴覚スクリーニングの導入によって早期発見がされやすくなったほか、聴覚障害に関する遺伝子検査も保険が適用される

こととなりました。ただし、これらの対応状況には依然として地域差があります。聴力検査、あるいは新生児スクリーニングでリファー（要精密検査）となり、精密検査の結果も相違ない場合は、早期に補聴機器を装用する必要があります。

③ 補聴器と人工内耳

聴覚障害のある子どもがその身体に装用し、聴覚を補う支援機器としては、主に「補聴器」と「人工内耳」が挙げられます。

補聴器は、19世紀頃に金属製のラッパのような器具が多く作られていましたが、電気的な補聴器は明治9（1876）年頃に開発されたといわれています。それ以後は、アナログ補聴器の時代を経て、平成3（1991）年に世界初のデジタル補聴器がわが国で開発されました。デジタル補聴器は細やかな周波数、出力調整を可能とし、今日では雑音抑制にも対応しました。その形状も箱型のものから耳かけ型、耳穴型へと変遷しています（神田, 2017）。ただし、子どもの中には補聴器装用に抵抗感がある子がいて、拒否をする場合もあります。そして、そのことを学校側が気づかないというケースもあります（高木ら, 1976）。幼児期より装用し、身体の一部となっていないと、補聴器になじむことはなかなか難しいようです。人工内耳（図4）は補聴器の装用効果が不十分であった高度感音難聴の子どもや大人を対象としたものです。手術で耳の奥に埋め込むインプラントといわれる体内装置と、音をマイクで拾って電気信号に変換し、耳内に埋め込んだインプラントへ送るサウンドプロセッサといわれる体外装置から構成されます。人工内耳については、わが国においては、昭和60（1985）年に最初の手術が行われました（森, 2015）。

人工内耳装用の条件としては、日本耳鼻咽喉科学会（2014）による最新の「小児人

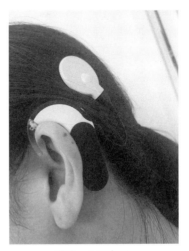

図4　人工内耳

工内耳適応基準」があります。同基準にはさまざまな項目がありますが、「聴力、補聴効果と療育」の項目には「(i) 裸耳での聴力検査で平均聴力レベルが90 dB以上。(ii) 上記の条件が確認できない場合、6カ月以上の最適な補聴器装用を行った上で、装用下の平均聴力レベルが45dBよりも改善しない場合。(iii) 上記の条件が確認できない場合、6カ月以上の最適な補聴器装用を行った上で、装用下の最高語音明瞭度が50％未満の場合」とされています。

　わが国において、人工内耳を装用する子どもは増加の一途にあります。その理由としては、平成6（1994）年に健康保険が適用になったことと、平成10（1998）年に前述の「小児人工内耳適応基準」が設定されたことがあると思われます。この頃に人工内耳の植え込みを行った子どもは、順次学齢期へと達し、現在、就職や進学といった節目の年齢に置かれています。

キーワード

一側性難聴：一側性難聴とは、一方の耳は正常ですが、もう一方の耳に軽度から重度の難聴があることです。平成30（2018）年のNHKの連続テレビ小説「半分、青い。」の主人公もこの症状がありました。音の発せられた方向がわかりにくいこと、それに伴って、騒音下のきき取りに困難があることが指摘されています。岡野ら（2013）によれば、一側性難聴者のきこえは個人差が大きいため、視覚情報の活用や対処法について個別に評価する必要があります。

2.　聴覚障害のある子どもの心理・発達

　聴覚障害のある子どもの心理・発達については、聴力レベルや、障害を得た時期（先天性・後天性）、生育・教育環境の違いによる影響を受け、一人一人異なります。なぜなら、生育・教育環境は、他とのコミュニケーション（対話）の成立や、内容にも影響を与えるからです。例えば、先天性の聴覚障害で、かつ聴力レベルの障害が重度であれば、保護者等の他者から話しかけられる言葉や、自らが発する言葉をきくことができないため、その言語発達は不十分になります。そのため、日本語が基準とする発音や、語彙、読解力、適切な

声量の感覚を獲得することが難しいのです。重度の聴覚障害児の学力は、小学4年生程度で停滞する傾向にあります。このことは、昭和39（1964）年に萩原浅五郎が「9歳レベルの峠」「9歳の壁」と形容しましたが、それ以前にも、教育現場では経験的に指摘されていたことでした（脇中, 2006）。

　したがって、早期より対話の機会を増やし、無理に矯正するのではなく、子どもの心情に配慮しながら教育・言語指導をすることが大切になります。

① 聴覚障害のある子どもとコミュニケーションモード

　聴覚障害のある子どものコミュニケーション方法は多様です。話し言葉や書き言葉、手話、指文字等を総称してコミュニケーションモードと呼びます。彼らの教育においては、軽度難聴から高度難聴あたりまでは手話ではなく口話（聴覚活用や読唇）を用いての日本語学習が目標とされます。重度の難聴以上の場合は、言語学習や話し言葉によるコミュニケーションが必要になることから、手話が必要になる場合もあります（我妻, 2013）。聴覚障害のある子どものコミュニケーションモードの選択には、わが子がどのように育ってほしいのかを常に考えている保護者の意向が働くこともあります。保護者の意向は子育てにも反映されますから、一概に聴力レベルのみで測れるものではありません。保護者が手話に肯定的である家庭の場合、幼い頃からそれを用いて育つ子どももいます。

　手話は視覚言語であり、手指動作と、顔の各部位を用いた非手指動作によって構成されます。品詞にはそれぞれ固有の動作が定義されており、五十音やアルファベットの表現には指文字（図5）が使われています。ろう者の間で発展・成熟し、独自の文法をもつものを「日本手話」といい、日本語をもととして、それを手話の動作に対応させたものを「日本語対応手話」といいます。原（2010）は、言語学者Stokoeがアメリカ手話を言語として定義するにあたり、手の形、手の位置、手の動きを動素（言語でいうところの音素）としたことに触れ、日本手話においてもそれが当てはまることを考察しています。

　また、音声言語や話し言葉、口話、手話は、対立的・択一的に語られることもありますが、これらを併用し、指文字や筆談、キューサイン（口形と手指によって表す記号）も交えて、時と場合に合わせた最善の方法で行おうという考え方も

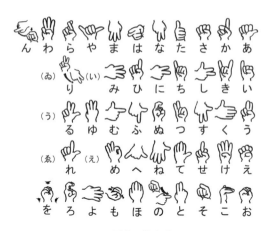

図5　指文字
※ 国立大学56工学系学部ホームページ（https://www.mirai-kougaku.jp/）より

あります。これをトータル・コミュニケーション（TC）といいます。個別性
のある聴覚障害の子どもの発達を考えるとき、TCは有効な選択肢の一つです。

② 聴覚障害のある子どもとアイデンティティ

　ところで、前項で「ろう」という言葉が出てきましたが、その意味は多義的
であり、聴覚障害のある子どもの心理的発達にも深く関わりをもっています。
医学的には、両耳の聴力レベルが100dBHLを超える者を「ろう者（deaf）」と
定義します。その一方で、きこえない自分にアイデンティティを求め、手話を
第一言語として生活する者を、文化的な意味合いから「ろう者（Deaf）」とす
ることもあります。平成19（2007）年の特別支援教育の実施以来、聴覚障害
のある子どものための学校は「特別支援学校（聴覚障害）」と表記するように
なりましたが、いまだ「ろう学校」の名称を使用しているところもあるのは、
こうした「ろう者」としての誇りを尊重している側面もあるのです（全日本ろ
うあ連盟, 2010）。聴覚障害のある子どもは、生育環境や被教育歴の下で、こう
した価値観に触れ、個々人が独自のアイデンティティをもっていきます。
　彼らの心理特性について、庭野（2016）は、①難聴によって言語発達が遅れ
ていることが多い、②音声言語によるコミュニケーションがうまくできないこ
とから人間関係につまずきが起きやすい、③言語獲得が十分ではないことから

抽象的・論理的な内容の理解が難しい、として、聴覚障害のある子どもの性格特性や社会的発達には、これらの要因が大きく影響すると指摘しています。

　このことから、上述した3点は、コミュニケーションモードや、それを選択するに至る生育環境や、被教育歴の影響も加味するべきでしょう。一般的に聴覚障害のある子どもは、孤立感を深めやすく、失敗経験の蓄積から自信をもちにくいとされますが、手話等を身につけることで自己を確立する子どももいます。Niemensivu et al.（2018）の報告によれば、難聴の子どもはその他の子どもに比べて、きこえの課題を含むにもかかわらず、日常生活におけるQOL（生活の質）が有意に高い項目もありました。

　加えて、近年検討が進んでいるのは人工内耳を装用した子どもの心理特性です。杉中ら（2017）は、人工内耳を装用した生徒（中学生・高校生）の職業興味について検討を行い、彼らの職業への関心が、対人的職種よりも対物的職種にある傾向を明らかにしたほか、聴覚を活用する職業を避けがちであることを把握しました。特に、地域の中学校や高校（通常の学級）に通う子どもは興味が拡散したり、将来展望が十分でなかったりといった傾向がありました。また、新生児スクリーニングの普及もあり、早期より人工内耳を装用する子どもは、手話を用いず、情報支援（後述）も受けないといった者もいます。聴覚が十分に活用できていればよいのですが、前述の報告は、人工内耳装用する子どもに対する聴覚障害の負の影響を示唆するものです。今後は、補聴器を装用する従来の子どもと比較して、人工内耳の子どもの心理特性にも配慮する必要があるでしょう。

 キーワード

9歳の壁：小学4年生頃、なじみのある生活言語を離れ、学習言語に触れた聴覚障害のある児童の学力が停滞することを「9歳の壁」といいます。この概念は、東京教育大学附属ろう学校長の萩原浅五郎が「9歳レベルの峠」と表現したことが最初といわれています。小学校低学年までは生活中心の教材が多く、直接経験した題材を取り上げて学習していきますが、小学校3・4年生になると児童の経験したことのないような事柄が増え、間接的な経験を主体にした題材が多くな

り、理解しにくくなることが学力停滞の原因となります（国立特別支援教育総合研究所, 2016）。

3. 聴覚障害のある子どもの教育・支援方法

　聴覚障害のある子どもの就学先としては、以下の選択肢があります。①地域の小学校・中学校・高校、②地域の学校の特別支援学級、③通級による指導、④特別支援学校（聴覚障害）。就学先となる教育課程について、詳しくは第12章を参照してください。

　地域の学校においては、ノートテイク・パソコンテイクと呼ばれる文字通訳や、音声を自動認識して活字に変換するソフトウェア等、音声を視覚的に示す情報支援（後続のコラムも参照）や、教員の声を直接耳元へと届けるFMマイクの整備が重要となります。また、補聴機器の装用に配慮した静かな教室等、環境設定が求められます。難聴のある子どもがいる教室では、いすの脚にテニスボールを付けることで雑音が解消されます（我妻, 2013）。

　また、教員は動きまわることを避け、ゆっくりと話し、たえず聴覚障害のある子どもに対して口もとを見せることや、重要語句は板書すること等も効果的です。加えて、いわゆる「こそあど」言葉のような指示語は可能な限り使用を避けることが望ましいでしょう。併せて、集会や校内放送、行事といった教室の外において発信された連絡事項の理解について確認・支援することも、子どもの楽しい学校生活や、自己肯定感につながります。

　特別支援学校（聴覚障害）は、両耳の聴力レベルが概ね60dBHLであり、補聴器を使用しても話声を解せないことが入学条件となっています。教育課程の特徴としては、「自立活動」という領域があります。

　自立活動では、主に発音・発語指導と聴覚の活用指導、障害認識等の学習が行われています。ここに手話を含めるかどうか、またその比率については、学校間によって違いがありますが、基本的には、聴覚障害のある子どもそれぞれの状態に合わせて指導します。同様の学習は、特別支援学級や、通級による指導においても行われています。

いずれの教育課程においても、聴覚障害のある子どもの特性を踏まえつつ、一人一人の個性を見つめて、自立のために必要な調整と指導をしていくことが求められます。近年は、聴力が正常であるにもかかわらず、きき取りが困難であるという聴覚情報処理障害（APD）の存在が検討（小渕ら，2012）されています。あるいは聴覚の感覚器の課題にとどまらない、多様化するきこえのニーズを考えていくことは、その場にいる誰もが、互いにコミュニケーションをとりやすい教室環境の構築につながるでしょう。

●引用・参考文献

我妻敏博. (2013). 難聴児をお持ちの親御さんへ――難聴児の言葉の学習・子育て・難聴理解. 田研出版.

原大介. (2010). 手話言語研究はどうあるべきか――捨象と抽象. 手話学研究, *19*, 29-42.

神田幸彦. (2017). 補聴器の進歩と聴覚医学「補聴器の歴史と変遷―最新補聴器の紹介―」. Audiology Japan, *60*, 121-128.

国立特別支援教育総合研究所. (2016). 聴覚障害教育Q&A50～聴覚に障害のある子どもの指導・支援～.

森尚彪. (2015). 日本における人工内耳の現状. 保健医療学雑誌, *6*, 15-23.

Niemensivu R., Roine, R, P., Sintonen H., & Kentala E. (2018). Health-related quality of life in hearing-impaired adolescents and children. *Acta Oto-Laryngologica*, *138*, 652-658.

日本耳鼻咽喉科学会. (2014). 小児人工内耳適応基準.

庭野賀津子. (2016). 聴覚障害児の性格特性と心理アセスメント. 教職研究, 59-66.

小渕千絵・原島恒夫・八田徳高・廣田栄子. (2012). 聴覚情報処理障害（APD）の症状を抱える小児例における聴覚情報処理特性と活動・参加における問題点. コミュニケーション障害学, *29*, 122-129.

岡野由実・廣田栄子・原島恒夫・北義子. (2013). 一側性難聴者の読話の利用および聴こえの自己評価に関する検討. Audiology Japan, *56*, 91-99.

杉中拓央・齋藤友介・河野淳・白井崇湖・冨澤文子・野波尚子・塚原清彰. (2017). 人工内耳を装用する聴覚障害生徒の職業興味に関する検討. Audiology Japan, *60*, 129-135.

高木二郎・伊藤治夫・河合紀子・菊川薫. (1976). 補聴器はどの程度の能力損失から必要になるか――就学面より. Audiology Japan, *19*, 295-301.

脇中起余子. (2006). K聾学校高等部の算数・数学における「9歳の壁」とその克服の可能性――手話と日本語の関係をどう考えるか. 龍谷大学大学院文学研究科紀要, *28*, 66-80.

全日本ろうあ連盟. (2010). 特別支援教育におけるろう学校の現状と課題.

（ エピソード・スタディ ）

プロフィール　ミナト、中学1年生、男子。中等度の感音難聴。

子どもが抱える困難・課題　地域の中学校に在籍するミナトには難聴があるため、補聴器を装用し、教室では座席を一番前にしてもらっています。しかし、国語の時間に課題図書の内容について議論が交わされると、ときに参加せず、黙り込んでしまうことがあります。先生の指示は問題なくきき取れているので、クラスメイトは皆不思議そうな顔をしています。いつも明るいミナトはなぜ、議論に参加しようとしないのでしょうか。

解説　小学校卒業までは、教師対子どものやりとりが多く、他の子どもたちの声も大きいため、ミナトも授業についていけました。中学校では、教科別に教師が配置され、生徒間で議論する機会も多くあります。また、思春期を迎え多感な中学生によって構成される日頃の教室の様子も、小学校のそれとは違います。以上を踏まえれば、ミナトの心情に配慮しながら、情報支援等の活用を検討していくことが必要になるでしょう。

授業における情報支援の具体例と実際

志磨村 早紀

　聴覚障害の影響できこえなかったり、きこえにくかったりすると授業ではどんなことに困るのでしょうか。例えば、先生やクラスメイトの発言がきき取りづらい、グループディスカッションなどの集団会話についていくことが難しい、などといった困難が想定されます。このように（音声）情報を十分に受け取ることができない状態に対して、十分な量と質、そして同時性を保障した情報を提供し、その場に参加できるようにするための支援を情報支援（情報保障）といいます。では、聴覚障害のある子どもに対してはどのような情報支援が行われているのでしょうか。大きく分けて、以下の4つの支援方法があります。

1. 環境整備

　環境整備は支援を適切に行うための前提条件ともいえます。まず、以下2～4項の支援の有無にかかわらず、聴覚障害のある子どもにとってききやすく、話し手の口元が見やすい座席はどこか、机の配置はどうすればよいか、また、話者の立ち位置はどこにすればよいのか、といったことを考えましょう。ききやすい環境を整備するにあたっては、騒音ができるだけ発生しないようにすることも大切です。例えば、第5章の3節で述べているように、いすの音を抑制するなどといった工夫もその一つです。

　また、支援を利用するにあたっては、支援者やツールがあれば万事よしというわけでもありません。聴覚障害のある子どもがその支援をより効果的に利用するには環境整備が鍵になってくるため、状況に応じて支援に関わる人々と相談し、支援を適切に行える環境づくりを心がけましょう。

2. 補聴援助機器等の利用

　聴覚活用をしている子どもの中には補聴器や人工内耳と合わせて補聴援

図1　補聴援助システム
左：PHONAK社ロジャーテーブルマイクⅡ　右：同社ロジャーマイリンク

助機器を使用しているケースも少なくありません。補聴援助機器とは、FMマイクや補聴援助システム（図1）などです。

　こうした補聴援助機器は、話者との距離が離れていたり、周囲が多少騒がしかったりしても、マイクに入る音をダイレクトにきくことができるのが利点です。送信機（マイク）と受信機の組み合わせで使用し、授業場面ではマイクを教師が持ち、聴覚障害のある子どもが受信機を持つことが大半ですが、この際、マイクを持っていない人の発言は受信機には届いていない・届きにくいということに注意する必要があります。そこで、マイクを持っていない人の発言は、マイクを持っている人がリスピークしたり、発言内容を板書したりするなどし、情報を伝えることを意識しましょう。発言者が変わるごとにマイクを手渡すという方法も、少人数の会話シーンなどでは有効です。

3. 文字による支援

　文字による支援は、大きく分けて支援者が手書きあるいはパソコン入力で音声情報を文字化して伝える方法と、音声認識アプリ等を活用する方法があります。手話が不得手で、聴覚活用が難しい子どもにとっては、情報を取得するために特に必要とされる支援です。パソコン文字通訳を例に挙げると、大学などの高等教育機関では専用のソフト（例：IPtalk）を使用し、1名あるいは複数名の支援者が入力していく方法が普及しています（図2）。また、パソコン文

図2　IPtalkを使用して、PC文字通訳をしている様子
※ 早稲田大学障がい学生支援室ウェブサイト（https://www.waseda.jp/inst/dsso/support/）より

字通訳を遠隔で行う方法もあります。音声認識アプリの活用は、近年音声認識技術の発達によって導入されるケースが増えてきました。音声認識というと、話した言葉がすべて正しく表示される、というイメージをもたれる方もいらっしゃるかもしれませんが、必ずしもそうではありません。音声認識技術や仕組みを理解し、技術を活かす使い方が求められています。正しく活用することで効果が出やすいツールといえます。

4. 手話による支援

　手話を使用する子どもにとっては、手話通訳も選択の一つとなります。手書きやPC入力の文字通訳と比べてリアルタイム性が高いため、特にディスカッションなど双方向の会話が生じる場面で有効です。また、文字より手話のほうが理解しやすい子どももいます。本人にとって情報を獲得しやすいのはどちらかを考慮し、支援を組み立てる必要があります。

　以上のように、情報支援にはさまざまな手段があります。本人にとって一番よい選択を本人と一緒に考えるという姿勢を忘れず、子どもがより前向きな気持ちで授業に参加できる環境をつくっていく場面が、今後ますます増えていくことを期待しています。

第6章 言語障害のある子どもの理解と支援

志磨村 早紀

1. 言語障害とは

　言語障害というと、どのような状態像が頭に浮かぶでしょうか。「うまく話せない」「言葉の理解が難しい」というイメージが多いかもしれません。では、それらの状態はどのようにして引き起こされるのでしょうか。少し整理をしてみましょう。図1はスピーチチェーン（言葉の鎖）を表したものです。スピーチチェーンは、言葉が生み出されてから相手に伝えられるまでの過程を表したもので、これらのチェーンを次々とつなげていくことで相手とのコミュニケーションが成立します。

①言語学的段階：話し手が言いたいことを頭の中でまとめる

②生理学的段階：声帯や舌、口唇などの諸器官に発音をするよう、脳から神経を介して命令する

③音響学的段階：発せられた音が空気の振動となって聞き手の耳に届く

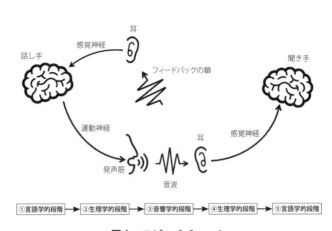

図1　スピーチチェーン
※ デニッシュ＆ピンソン（1966）より筆者作成

④生理学的段階：音波が鼓膜を振動させ、その振動が聴覚器官の神経を介して言語音として聞き手に認識される

⑤言語学的段階：聞き手の頭の中で、話された言葉の意味が理解される

　例えば、①や⑤の言語学的段階で何らかの障害があると、失語症や言語発達遅滞といった障害が現れます。これらはいわゆる、言語知識（language）の障害ともいえます。②の生理学的段階に何らかの障害があると、構音障害や音声障害などの話し言葉（speech）の障害を呈します。④の生理学的段階での障害は聴覚障害と結びつきます。このように、言語障害を引き起こす要因はさまざまであり、言語障害の背景にある障害や困難さ（これは一つとは限らず、重なり合う場合もあります）の状態によって支援やアプローチも異なってきます。本章では、主に学齢期の子どもに特に見られる構音障害、吃音、言語発達遅滞について述べることとします。なお、聴覚障害に起因する言語障害については、第5章「聴覚障害のある子どもの理解と支援」を参照してください。

1 構音障害とは

　発音のことを専門領域では「構音」といいます。何らかの原因によって発する音が歪んだり、誤っていたりと、正常な構音ができない状態のことを構音障害といいます。子どもの構音障害は3つに分類されます。1つは器質性構音障害であり、口蓋裂や舌小帯短縮症、歯列不正など、構音器官（口唇・下顎・舌・軟口蓋など）の形態や運動に異常を伴う構音障害のことを指します。2つ目は、脳性まひなど、発声発語器官の筋肉や神経が障害されることに伴う運動障害性構音障害があり、3つ目は機能性構音障害という構音の仕方を誤って学習し、その誤りが固定している状態であり、原因が特定できない構音障害です。

2 吃音とは

　話し言葉がなめらかに出てこない（＝非流暢性を伴う）症状を指します。言語運動や感覚器の欠損、神経損傷に関する非流暢性や医学的疾患によるものとは区別されます。令和2（2020）年NHK連続テレビ小説「エール」の主人公にも吃音の症状がありました。吃音に特徴的な非流暢な話し方として、次の3

つの症状が見られます。

　①音の繰り返し（連発）:「ぼ・ぼ・ぼ・ぼくね…」

　②引き伸ばし（伸発）:「ぼーーーくね…」

　③言葉を出せずに間が開いてしまう（難発、ブロック）:「・・・ぼくね…」

　吃音は発達性吃音と獲得性吃音に分類されますが、そのほとんどが幼児期に発症する発達性吃音です。本章では以降、吃音を発達性吃音として解説します。また、発達性吃音の発症要因として、体質的要因、発達的要因、環境要因などがあり、これらの相互作用で発症するといわれています。多くは幼児期に自然治癒し、学齢期まで吃音が持続している子どもたちの割合はおよそ1％です。

③ 言語発達遅滞とは

　子どもが意味のある言葉を話し始めるのは1歳〜1歳半頃です。その後、語彙が増えていったり、単語を組み合わせて文を話すようになったりと言語発達が進んでいきます。しかし、何らかの原因により同年齢の子どもたちと同じように言葉を話したり理解したりすることが難しい状態を、言語発達遅滞あるいは言語発達障害といいます。広義では、先に取り上げた構音障害や吃音も言語発達を阻害する要因として考えられますが、ここでは知的障害などの要因から引き起こされる言語発達遅滞について解説します。

2. 言語障害のある子どもの心理・発達

　一口に言語障害といっても、1節で述べたようにその障害像は多様であり、子どもの数だけ心理・発達の様相があると考えて子どもたちと向き合うことが前提となります。

　構音障害や吃音など、主に話すこと（speech）に障害がある場合は、言語訓練によってその後の言語発達に改善が見られることもあります。こうした子どもたちは、自分が発した言葉が相手に伝わりにくかったり、他人に指摘される、あるいはからかわれたりすることで話すことに敏感になっていることも少なくありません。対人関係や情緒面への支障をきたすこともありますので、子

どもの心情に配慮した対応が求められます。また、脳性まひなどに起因する運動障害性構音障害のある子どもたちの中には、構音が不明瞭なために発話や発語に代わる手段（トーキングエイドなど）を用いてコミュニケーションをとる場合もあります。音声言語以外の手段も活用しながら、コミュニケーションの発達を促すことも大切だといえるでしょう。知的障害を伴う言語発達遅滞の場合には、言語面へのアプローチだけでなく認知レベル全体の発達促進をする必要があります。なお、知的障害や発達障害のある子どもたちの心理・発達については、それぞれ第7章や第2章でも述べられているので、それらを参考にしてください。

3. 言語障害のある子どもの教育・支援方法

　言語障害に併発している障害の有無・種類によって、言語障害のある子どもたちの就学環境は異なってきます。器質性構音障害や機能性構音障害、そして吃音など話し言葉（speech）の障害のみを発症している場合には、通常学級や通級（ことばの教室）での指導が一般的です。知的障害や運動障害を併発している言語障害の子どもたちと比較すると、日常生活や教科学習における困難さが少ないと考えられやすく、見逃されやすかったり対応が遅れがちになったりすることもあります。しかし、障害の程度と本人の困り感は常に同等ではありません。子どもたちの中では大きな苦しみになっている場合もあり、自己肯定感の低下や劣等感を引き起こすこともあります。そのため言語指導のみならず、心理面・情緒面に寄り添った支援が必要になります。また、子どもと接する際には、たとえ言葉が間違っていたりうまく出てこなかったりしても、指摘や訂正をすることはせず、子どもの話を最後まで聞くことを心がけましょう。言葉が出にくいようであれば、質問の方法を変えたり、文字やイラストなど視覚的な手段を活用したりすることも有効です。また、子どもによってはすでに言語聴覚士などの専門家から指導や訓練を受けていることもあります。専門家と連携し、情報を共有しながら子どもの指導にあたることも大切です。

　言語障害の背景に知的障害や脳性まひなどの運動障害がある場合には、通常学級や通級に加え、特別支援学級や特別支援学校（知的障害・肢体不自由）も

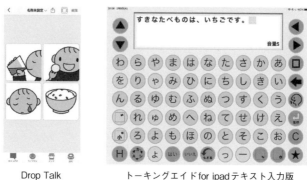

| Drop Talk | トーキングエイド for ipad テキスト入力版 |

図2　AACアプリケーションの例

※　左：http://hmdt.jp/product/droptalk/　右：https://www.talkingaid.net/
両図とも上記サイトより筆者所有の端末にアプリケーションをダウンロードし操作の様子を撮影

就学環境として挙げられ、障害の程度や本人・家族の選択などによって就学先
は異なってきます。第7章および第8章でもそれぞれ知的障害や肢体不自由の
子どもたちの教育・支援について述べられていますので、併せて参考にしてく
ださい。知的障害や運動障害の程度が重く、言語の表出に困難さがある場合に
は、AAC（拡大・代替コミュニケーション）の活用も考慮しましょう。障害
が重度になるほど子どもたち本人の意思の読み取りにも難しさを伴いますが、
わかったふりをせずに、子どもの気持ちを汲み取れるよう、着実に日々の関わ
りを重ねていくことが大切になります。

　なお、言語障害というと発話などのアウトプットに目が向きがちになります
が、実際には言語理解が不十分であるなど発信するための基盤（理解面）が
整っていない状態だったということも少なくありません。子どもの発達段階を
さまざまな側面から観察しながら関わっていくことを心がけましょう。

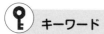 **キーワード**

AAC（拡大・代替コミュニケーション）：AACは Augmentative and
Alternative Communication のことであり，「拡大・代替コミュニケー
ション」などと訳されます。本人の残存能力とテクノロジーの活用に
よって自分の意思を相手に伝えることであり，その手段は多岐にわた

ります。例えば、五十音表などが記載された文字盤を活用した指さしコミュニケーションや、その文字盤を透明にした「透明文字盤」を用いた視線によるコミュニケーション、シンボルや絵カードを使用したコミュニケーションなどがあります。また、技術の進歩とともにパソコンやタブレットなどもAACの一つとして活用されてきており、さまざまなアプリケーションも開発されています（図2）。

●引用・参考文献

阿部雅子.（2008）. 構音障害の臨床——基礎知識と実践マニュアル 改訂第2版. 金原出版.

Denes, P. B., & Pinson, E. N. (1963). *The speech chain: The physics and biology of spoken language*. Murray Hill: Bell Telephone Laboratories.（デニッシュ, P. B. & ピンソン, E. N.（著）, 切替一郎・藤村靖（監修）, 神山五郎・戸塚元吉（訳）.（1966）. 話し言葉の科学——その物理学と生物学. 東京大学出版会）

Guitar, B. (2006). *Stuttering: An integrated approach to its nature and treatment* (3rd ed.). Philadelphia: Lippincott Williams & Wilkins.（ギター, B.（著）, 長澤泰子（監訳）.（2007）. 吃音の基礎と臨床——統合的アプローチ. 学苑社）

毛束真知子.（2013）. 絵でわかる言語障害——言葉のメカニズムから対応まで 第2版. 学研メディカル秀潤社.

文部科学省.（2013）. 教育支援資料〜障害のある子供の就学手続と早期からの一貫した支援の充実〜.

玉井ふみ・深浦順一（編）.（2015）. 言語発達障害学 第2版（標準言語聴覚障害学）. 医学書院.

幼児吃音臨床ガイドライン作成班.（2020）. 幼児吃音臨床ガイドライン.

（ エピソード・スタディ ）

プロフィール サトコ、小学5年生、女子。「か行」が「た行」に、「が行」が「だ行」に置き換わって発音しており、機能性構音障害が疑われる。

子どもが抱える困難・課題 通常学級に在籍しているサトコは、「こ

とば」が「ととば」となったり、「かがわ」が「ただわ」となったりする
など、「か行」と「が行」に音の誤りが見られます。自身の名前も「さと
と」となり、クラスメイトには「名前がちゃんと言えてないよ」などと指
摘されているようです。本人は笑って受け流しているようですが、普段か
らあまり積極的に話さない子でもあり、自身の発音を気にしているように
も見えます。

解説　子どもの構音発達は6～7歳頃にすべての構音が可能となるよ
うに成長していきますが、もちろん個人差もあります。小学校低学年のう
ちはちょっとした発音の誤りなら許容されがちですが、学年が上がるにつ
れて構音の誤りが目立ってくるようになります。その際に、他者から誤り
を指摘されたり自分自身でも気にするようになったりすることで、話すこ
とに自信がもてなくなる子どもたちもいます。子ども本人の気持ちを尊重
しつつ、保護者とも情報共有をしながら、必要に応じて専門家や専門機関
につながるようなフォローを行うことも大切です。

第7章 知的障害のある子どもの理解と支援

菊地 一文

1. 知的障害とは

　知的障害の定義は、平成22（2010）年にAAIDD（American Association on Intellectual and Developmental Disabilities：米国知的・発達障害協会）が刊行した第11版において、以下のように示されています。なお、AAIDDによる定義は10年ごとに改訂されています（第12版は令和3年2月現在未刊行）。

> 　知的障害は、知的機能と適応行動（概念的・社会的及び実用的な適応スキルによって表される）の双方の明らかな制約によって特徴づけられる能力障害である。この能力障害は18歳までに発現する。（米国知的・発達障害協会用語・分類特別委員会, 2012）

　また、この定義の適用における前提条件として、次の5項目を示しています。

> 1. 今ある機能の制約は、その人と同年齢の仲間や文化的に典型的な地域社会の状況の中で考慮されなければならない。
> 2. アセスメントが妥当であるためには、コミュニケーション、感覚、運動及び行動要因の差はもちろんのこと、文化的、言語的な多様性を考慮しなければならない。
> 3. 個人の中には、制約と強さが共存していることが多い。
> 4. 制約を記述する重要な目的は、必要とされる支援プロフィールを作り出すことである。
> 5. 長期にわたる適切な個別支援によって、知的障害がある人の生活技能は全般的に改善するだろう。（同前）

これらのことから、知的障害とは「知的機能」と「適応行動」の2つの制約によって、社会生活等において困難を示すということ、そして、個人の中には制約だけではなく「強み」もあり、継続した個に応じた適切な指導及び必要な支援によって改善が図られる可能性があることを示しているといえます。

　わが国の教育分野においては、AAIDDの定義に基づいて「知的障害とは、知的機能の発達に明らかな遅れと、適応行動の困難性を伴う状態が、発達期に起こるもの」（文部科学省, 2018a）と説明しています。この中で「知的機能の発達に明らかな遅れ」がある状態については「認知や言語などにかかわる精神機能のうち、情緒面とは区別される知的面に、同年齢の児童生徒と比較して平均的水準より優位な遅れが明らかな状態」と説明しています。また「適応行動の困難性」については「他人との意思の疎通、日常生活や社会生活、安全、仕事、余暇利用などについて、その年齢段階に標準的に要求されるまでには至っていないこと」であり、「適応行動の習得や習熟に困難があるために、実際の生活において支障をきたしている状態」と説明しています。なお、ここでも知的障害の状態は「環境的・社会的条件で変わり得る可能性がある」と示されていることに留意する必要があります。

 キーワード

　知的機能：認知、記憶、言語、思考、学習、推理、想像、判断など、さまざまな知的活動を行う能力のこと。
　適応行動：人間関係を含む環境に対応していくこと。言語理解、読み書き、お金の使用などの概念的な適応行動、人との関係をつくる、決まりを守るなどの社会的な適応行動、着替え、食事、排泄、掃除などの実用的な適応行動に大別される。

2. 知的障害のある子どもの心理・発達

　文部科学省（2018b）は、知的機能の発達の遅れの原因として、「総括的にいえば、中枢神経系の機能障害であり、適応行動の困難性の背景は、周囲の要求水準などの心理的・社会的・環境的要因等が関係している」と説明して

います。

　また、知的障害のある児童生徒の学習上の特性として、「学習によって得た知識や技能が断片的になりやすく、実際の生活の場面での中で生かすことが難しい」こと、「成功経験が少ないことなどにより，主体的に活動に取り組む意欲が十分に育っていないことなどが多い」ことを挙げています。

　そのため、①実際の生活の場面に即しながら、繰り返して学習する継続的、段階的な指導、②取り組む姿勢を認め、細かなことでも賞賛すること、児童生徒の自信や主体的に取り組む意欲の育成、③学習環境の効果的な設定、周囲の理解、学習活動への主体的な参加や経験の拡大、情報機器等の活用が有効であるとされています（丸数字は筆者による）。

　また、障害の程度がきわめて重度である場合は、より詳細な実態把握が求められ、重複障害の場合は、よりいっそうのきめ細やかな配慮が必要となります。

3. 知的障害のある子どもの教育・支援方法

1 知的障害のある児童生徒への教育的な対応の基本

　知的障害のある児童生徒への教育においては、一人一人の実態を踏まえて、「わかる」「できる」ための環境を整えることが大切です。その環境には文字や言語などの表現手段、教材教具等だけでなく、人的な環境も含まれ、相互の関係の上に「学習」が成り立ちます。すなわち、私たちが生徒の「思い」を「わかろうとする」ことや「認める」ことが「安心して学ぶ」前提となり、出発点となります。また、生徒が見通しをもち「なぜ・何のため」に学ぶのかを理解する「わかりやすさ」に加え、活動を振り返ることによって「意味や価値に気づく」ための「わかりやすさ」への支援も大事です。

　文部科学省（2018b）によれば、知的障害のある児童生徒の学習上の特性等を踏まえ、学習場面を含めた児童生徒一人一人の確実な実態把握に基づき、次の10項目の教育的対応を基本とすることが重要であると示されています。

　①児童生徒の知的障害の状態、生活年齢、学習状況や経験等を考慮して教育
　　的ニーズを的確に捉え、育成を目指す資質・能力を明確にし、指導目標を

設定するとともに、指導内容のより一層の具体化を図る。

②望ましい社会参加を目指し、日常生活や社会生活に生きて働く知識及び技能、習慣や学びに向かう力が身に付くよう指導する。

③職業教育を重視し、将来の職業生活に必要な基礎的な知識や技能、態度及び人間性等が育つよう指導する。その際に、多様な進路や将来の生活について関わりのある指導内容を組織する。

④生活の課題に沿った多様な生活経験を通して、日々の生活の質が高まるよう指導するとともに、よりよく生活を工夫していこうとする意欲が育つよう指導する。

⑤自発的な活動を大切にし、主体的な活動を促すようにしながら、課題を解決しようとする思考力、判断力、表現力を育むよう指導する。

⑥児童生徒が、自ら見通しをもって主体的に行動できるよう、日課や学習環境などを分かりやすくし、規則的でまとまりのある学校生活が送れるようにする。

⑦生活に結びついた具体的な活動を学習活動の中心に据え、実際的な状況下で指導するとともに、できる限り児童生徒の成功経験を豊富にする。

⑧児童生徒の興味・関心や得意な面を考慮し、教材・教具、補助用具やジグ等を工夫するとともに、目的が達成しやすいように、段階的な指導を行うなどして、児童生徒の学習活動への意欲が育つよう指導する。

⑨児童生徒一人一人が集団において役割が得られるよう工夫し、その活動を遂行できるようにするとともに、活動後には充実感や達成感、自己肯定感が得られるよう指導する。

⑩児童生徒一人一人の発達の側面に着目し、意欲や意思、情緒の不安定さなどの課題に応じるとともに、児童生徒の生活年齢に即した指導を徹底する。

② 知的障害教育における教育課程

　知的障害教育における教育課程の特徴は、第一に、在籍する児童生徒の実態を踏まえ、各学校がより主体的かつ柔軟に編成できるという点が挙げられます。児童生徒の知的障害の状態、つまり先述した「知的機能」と「適応行動」の2つの制約と環境を整えることによる可能性を鑑み、そして生活年齢や学習

表1　知的障害教育の各教科の構成

学部	段階	各教科の構成
小学部	3	生活、国語、算数、音楽、図画工作、体育の6教科で構成
中学部	2	必修教科は、国語、社会、数学、理科、音楽、美術、保健体育、職業・家庭の8教科で構成（外国語は必要に応じて設けることができる）
高等部	2 (専門科は1)	**[各学科に共通する教科]** 必修教科は、国語、社会、数学、理科、音楽、美術、保健体育、職業、家庭の9教科で構成（外国語、情報は、必要に応じて設けることができる） **[主として専門教科に開設される教科]** 家政、農業、工業、流通・サービス及び福祉の5教科で構成 **[学校設定教科]** 特色ある教育課程の編成を行ううえで、共通教科、専門教科に示された教科以外の教科を独自に設定することができる

状況、経験等を踏まえ、具体的な指導内容の検討や時数配当がなされます。

　そして第二には、将来の社会的・職業的自立に向けて、座学の抽象的な内容の学習よりも生活に活かせる具体的な内容を中心として、帯状の日課表とするなど、より実際的な状況下で必然性のあるかたちで実施されるという点が挙げられます。具体的には着替え、朝の会、配膳や食事、歯磨きなどの生活活動や、係活動や作業活動、地域社会と関わる活動など、家庭生活や社会生活、職業生活を意図した活動が展開されています。

　従前から知的障害者である児童生徒に対する教育を行う特別支援学校の各教科（以下、知的障害教育の各教科）（表1）では、知的障害の特徴や学習上の特性を踏まえ、学習内容が生活に結びつくことを重視した、小・中学校の各教科とは異なる独自の目標や内容が示されてきました。また、対象とする児童生徒の学力などが同一学年であっても、知的障害の状態や経験等がさまざまであり、個人差が大きいことを踏まえ、個々の児童生徒の実態等に即し、各教科の内容を選択して指導するために、学年別ではなく、段階別で内容を示してきました。実際の授業では、一人一人の実態を踏まえた目標を設定し、その目標に到達するための個別の手立てを工夫することが求められます。

　さらに、知的障害教育では、知的障害のある児童生徒の学び方を踏まえた指導の形態（図1）として、教科ごとの時間を設けて行う「教科別の指導」と、各教科等の内容を合わせて行う「各教科等を合わせた指導」があり、「各教科等を合わせた指導」の代表的なものとしては、「日常生活の指導」「遊びの指

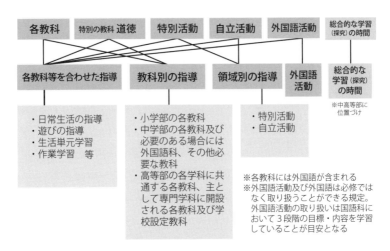

図1　知的障害教育の各教科等と指導の形態

導」「生活単元学習」「作業学習」が挙げられます。各教科等を合わせた指導の
法的な根拠は、学校教育法施行規則第130条の第2項に「知的障害者である児
童若しくは生徒又は複数の種類の障害を併せ有する児童若しくは生徒を教育す
る場合において特に必要があるときは、各教科、特別の教科である道徳、外国
語活動、特別活動及び自立活動の全部又は一部について、合わせて授業を行う
ことができる」と規定されていることによります。なお、知的障害教育では、
障害による学習上または生活上の困難の克服・改善を目的とした自立活動につ
いても各教科等を合わせた指導の形態で取り扱われることが少なくありませ
ん。近年は日課表上に自立活動の時間を位置づけて指導を行う学校も増えてき
ています。いずれにしても、このように知的障害教育では、従前から知的障害
による学習上または生活上の困難に対して、自立活動はもとより、各教科にお
いても内容の最適化に努め、教育活動全体を通じて行ってきたといえます。

　知的障害のある児童生徒が主に学ぶ場である、特別支援学校（知的障害）や
小・中学校に設置される知的障害特別支援学級では、教育課程にこれらの指導
の形態を適切に位置づけ、授業が展開されています。特別支援学級の場合、基
本的には設置される小・中学校の教育課程に基づいて編成され、「特に必要が
ある場合に特別支援学校の教育課程を参考とすることができる」としているこ

とに留意する必要があります。

　なお、平成29（2017）年の小・中学校及び特別支援学校学習指導要領の改訂では、知的障害教育の各教科においても小・中学校等と共通の「資質・能力の三つの柱」に基づいて、目標や内容が整理され、内容が拡充されました。また、各段階には目標が示され、中学部では2段階が新設（従前は1段階のみ）されました。さらには、特別支援学校（知的障害）において、小学部の3段階（中学部の2段階）の目標に到達した児童（生徒）については、特に必要のある場合には「個別の指導計画」に基づいて小学校（中学校）の各教科の内容等を参考とすることが可能になりました。これらは、各自治体において進められているインクルーシブ教育システム構築の趣旨を踏まえ、児童生徒の実態の多様化や場を超えた学びの連続性や接続性を考慮したものと捉えられます。

 キーワード

日常生活の指導：児童生徒の日常生活が充実し、高まるように日常生活の諸活動を適切に指導するもの。
遊びの指導：遊びを学習活動の中心に据えて取り組み、身体活動を活発にし、仲間との関わりを促し、意欲的な活動をはぐくみ、心身の発達を促していくもの。
生活単元学習：児童生徒が生活上の目標を達成したり、課題を解決したりするために、一連の活動を組織的に経験することによって、自立的な生活に必要な事柄を実際的・総合的に学習するもの。
作業学習：作業活動を学習活動の中心にしながら、児童生徒の働く意欲を培い、将来の職業生活や社会自立に必要な事柄を総合的に学習するもの。

●引用・参考文献

米国知的・発達障害協会用語・分類特別委員会（編），太田俊己他（共訳）．（2012）．知的障害──定義、分類および支援体系 第11版．日本発達障害連盟．
文部科学省．（2017）．特別支援学校教育要領・学習指導要領．
文部科学省．（2018a）．特別支援学校教育要領・学習指導要領解説 総則編（幼稚部・小学部・中学部）．

文部科学省. (2018b). 特別支援学校学習指導要領解説 各教科等編（小学部・中学部）.
下山直人（監修），全国特別支援学校知的障害教育校長会（編著）. (2018). 知的障害特別
　支援学校の自立活動の指導. ジアース教育新社.

（ エピソード・スタディ ）

プロフィール　アカリ、特別支援学校（知的障害）小学部、女子。

子どもが抱える困難・課題　アカリは明るく元気な性格で、自分から友だちや先生と積極的に関わることができます。好きなことに夢中になって取り組み、大好きなお気に入りのキャラクターのグッズが宝物です。しかしながら、知的障害の状態に比較して、衣服の着脱の際にボタンをつまむことや、ハサミなどの道具の使用が難しく、さまざまな活動をするうえで制約となっています。このような困難に対して、どのような指導が考えられるでしょうか？

解説　アカリの困難性の要因としては、知的障害による目と手指の協応動作の困難さや巧緻性や持続性の困難さなど、認知面及び運動面の課題、あるいは日常生活場面等における経験不足などが考えられます。

　このような場合には、アカリが意欲的に活動に取り組み、道具等の使用に慣れていけるよう、大好きなキャラクターを取り入れるなど、興味・関心がもてる内容や課題を工夫し、楽しんで取り組めるよう留意することや、使いやすい適切な道具や素材に配慮することが大切です。また、ボタンはめの前にボタン外しから取り組むことや、ボタンの大きさを変えること、ハサミで切る長さや、直線から曲線へと切る形を変えることなど、スモールステップで段階的に課題を設定していくことも大切です。

　具体的には、「遊びの指導」において目と手指の協応動作を伴うような遊びを設定することや、「日常生活の指導」や「生活単元学習」において、上記のことを踏まえた、本人が興味・関心をもち主体的に繰り返し取り組めるような活動を設定することが考えられます。

プロフィール　　アオト、特別支援学校（知的障害）高等部1年生、男子。

　　子どもが抱える困難・課題　　アオトはいわゆる軽度の知的障害があり、言語でのやりとりに関するスキルについての問題はありませんが、他者とのコミュニケーションが苦手です。中学校時代は知的障害特別支援学級に在籍し、小学校低学年時は通常の学級に在籍しましたが、いじめやこれまでの失敗経験などにより、自信がもてず、特に初めてのことには消極的になってしまいがちです。

　また、簡単な読み書きができ、学習に一生懸命取り組もうとしますが、実際の生活場面に活かすことが困難です。このような困難に対して、どのような指導が考えられるでしょうか？

　　解説　　アオト自身が自分のよいところに目を向けられるように、何らかの「役割」を通してできることに取り組み、他者から認められたり、感謝されたりする経験の積み重ねが必要です。また、先輩などのロールモデルとなる存在に出会い、憧れる機会を設定していくことも大事です。

　対人コミュニケーションの課題については、同世代の仲間と共に、本人が否定的に捉えている部分や苦手なことを肯定的な表現にリフレーミングする活動や、課題について共同解決していく活動などを通して、共感し合う経験や安心して他者と関わる経験を積み重ね、対人関係の土台を築くことが考えられます。グループエンカウンターのさまざまな手法が参考になると思われます。

　学習を実際の生活場面に活かすことについては、「なぜ・何のため」に学ぶのかという本人にとっての必然性を踏まえつつ、各教科等を合わせた指導、とりわけ作業学習などの具体的かつ実際的な活動を通して学ぶことが有効であると考えます。

　最後に、本人が学びの必然性に気づくための支援として、対話を通した学びの文脈（なぜ・何のために学ぶのか）づくりの例を紹介します。ある生徒が企業での職場体験のときに道に迷って遅刻してしまいました。教師は生徒の失敗を指摘するのではなく、その生徒がどうなりたいか、どのようなことが必要かについて共に考えていきます。すると生徒は、道に迷っ

たときに誰かに聞けるようになるために、国語科の時間に質問の仕方を学びたいという思いをもち、時間を見通した行動ができるように数学科で時間の計算を学びたいと考え、社会科の時間では地図の読み方を学びたいと考えるようになりました。このように対話を通して生徒が課題と向き合い、解決していく姿勢がもてるような学びの文脈をつくっていくことが大切です。

第8章

肢体不自由のある子どもの理解と支援

松浦 孝明

1. 肢体不自由とは

① 肢体不自由の定義

肢体とは全身の部位を表す用語です。身体部位を四肢（体肢）と体幹に分けて捉え、四肢は両側の上肢（肩、上腕、前腕、手）と下肢（殿部、大腿、下腿、足）を指し、体幹は一般的に胴といわれる頸部、胸部、腹部、背部を指します。

不自由は、運動機能の障害（運動障害）と感覚機能の障害（感覚障害）を意味します。運動障害は、身体各部位が本来の動き（機能的な運動）をすることが難しい状態です。感覚障害は、医学的に「体性感覚」と呼ばれる皮膚感覚（皮膚を通して感じる触覚、温度感覚、痛覚など）と深部感覚（体がどのように動いているかを筋や関節内部が感じる感覚）を自分で認識することが難しい状態です。したがって、肢体不自由とは身体部位の全部もしくは一部に運動障害や感覚障害が認められる状態を示します。運動障害を運動まひ、感覚障害を感覚まひともいいます。

② 運動障害の部位別分類と不自由

①四肢まひ：両側の上肢と下肢の同等のまひ（体幹のまひを伴うことが多い）

②両まひ：両側の上肢と下肢のまひ、上肢のまひは下肢に比べて軽度

③対まひ：両側の下肢のまひ

④片まひ：体の左右どちらか一側の上肢と下肢のまひ

⑤単まひ：片上肢もしくは片下肢のまひ

不自由さはそれぞれの障害の部位や程度によって一人一人異なります。例えば、四肢体幹すべてに障害がある場合（図1－①）、片側の膝下（片下腿）だ

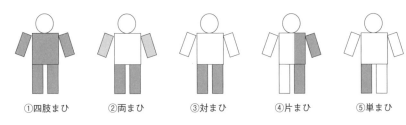

①四肢まひ　　②両まひ　　③対まひ　　④片まひ　　⑤単まひ

図1　運動障害の部位別分類

けに障害がある単まひの場合（図1-⑤）などさまざまです。また、日常生活の不自由さの状態も多岐にわたります。例えば移動機能に着目すれば、ほとんど困難を感じさせないで歩行できる程度から、自分で車いすを操作して移動できる程度、車いすの操作が難しく移動介助を要する程度など不自由の程度も異なります。

③ 原因疾患による分類

①脳性まひ（脳の疾患）

　脳性まひは、胎生期から周産期に大脳の運動中枢に損傷を受けたことにより筋緊張の亢進や低下を招き、作業や移動場面で運動障害を生じたり座位や立位などの姿勢保持が困難になったりする障害です。脳の損傷は進行することはありませんが、運動障害の様相は発達・加齢により変化します。また、脳の運動中枢以外の部位も同時に損傷を受けることがあり、知的障害や他の感覚障害を併せもつ重複障害も多く見られます。障害の原因は、新生児仮死、出生時の低体重が主な要因ですが、この他には母体の疾病（妊娠中毒症、風疹など）や新生児期の脳炎や髄膜炎などにより生じます。脳性まひは、障害の状態によりいくつかの型に分類されます。痙直型は、身体を動かすときに常に筋が緊張して力が入った状態が続くため運動の協調性が制限され、四肢や体幹の動きがぎこちなくスムーズな運動ができません。筋の過緊張により関節の拘縮、変形、脱臼をきたしやすい傾向があります。脳性まひ児の6割以上が痙直型です。アテトーゼ型は、身体の一部を動かそうとしたときに、他のさまざまな部位に不随意運動が生じてしまい意図した運動が難しくなることが特徴です。不随意運動は、精神的緊張による影響も受け、上肢、頸部、顔面に顕著に見られます。口

唇、舌の不随意運動により言語障害を伴う場合もあります。近年、治療方法の進歩によりアテトーゼ型は減少しています。その他に筋緊張の低下が認められる低緊張型、いくつかの症状が混在する混合型があります。

　また、脳の疾患に起因する障害には、脳動脈奇形などの脳血管障害、交通事故や転落による頭部の外傷（脳挫傷）に起因する障害があります。

②二分脊椎・脊髄損傷（脊髄の疾患・外傷）

　二分脊椎は、胎児が発育する際に脊椎の骨（椎骨）の奇形（形成不全）を生じる先天性の障害です。脊髄膜や脊髄が背面の皮膚から突出する場合は脊髄が損傷し、運動障害と感覚障害を生じます。二分脊椎は主に腰椎・仙椎部に発生しやすく、脊髄が損傷した箇所より下部に障害が現れます。腰髄、仙髄の損傷は下肢に、胸椎に発生して胸髄が損傷した場合には体幹と下肢に障害が現れます。ほとんどのケースで膀胱・直腸障害による排尿と排便のコントロールが難しくなるため、一定時間ごとの排泄管理が必要になります。水頭症を合併する割合が高く、視覚や空間知覚の障害などを有する子どもがいます。

　転落、交通事故、体育授業中の器具からの落下を原因とした脊椎の骨折や脱臼など、外傷による脊髄損傷も同様の障害を有します。頸髄損傷では四肢体幹に障害が見られ、移動には車いすを使用します。

③筋ジストロフィー（筋の疾患）

　筋ジストロフィーは遺伝性の疾患で、進行性の筋萎縮により筋力が低下していきます。幼児期から主に体幹や下肢の筋の筋力低下が現れ、歩行がぎこちない、転びやすいなどの様子が見られるようになります。小学校高学年で歩行が難しくなり、手動車いすや電動車いすを使用するようになります。上肢の筋力は比較的残存しますが、徐々に筋力が低下し、学習や食事の動作に不自由さが見られるようになります。更衣、排泄、入浴など日常生活動作全般に介助が必要になります。呼吸に関する筋の低下が顕著に見られるようになると人工呼吸器による呼吸管理を行います。

④骨形成不全症（骨の疾患）

　骨形成不全症は、骨の発育不良が原因となり骨折をしやすく骨の変形を生じる遺伝性疾患です。日常生活で骨折と治癒を繰り返すために上肢や下肢に変形が生じて身長の発育が停滞し低身長となります。加齢とともに骨折の頻度は減

少する傾向があります。障害の状態は、歩行ができる子どもから車いすを使用する子どもまで一人一人多彩な様相を示します。

⑤その他（難病等）

　難病とは、「発病の機構が明らかでなく、かつ、治療方法が確立していない希少な疾病であって、当該疾病にかかることにより長期にわたり療養を必要とすることとなるもの」（難病の患者に対する医療等に関する法律）を指します。難病の子どもたちは、遺伝子の異常などから特定の症状を生じる症候群と呼ばれる疾患の増加など、障害の重度・重複化と多様化の傾向が進んでいます。

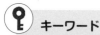 キーワード

不随意運動：随意運動とは、自分の意思や意図に従って身体を動かすことです。走る、投げる、跳ぶなどの運動は随意運動です。不随意運動とは、随意運動と異なり自分が意識していない、もしくは意図していない運動が生じてしまうことです。自分の意思に反して体が動く不随意運動はコントロールすることができません。不随意運動にはゆっくりとくねるような動き（アテトーゼ）、リズミカルな揺れを生じる動き（振戦）などがあります。

症候群：遺伝子の障害による形態異常や機能不全などを生じる病気では、病名を特定できないケースがあります。このように原因疾患の特定が難しい場合において共通する症状や検査結果などが複数見られる病態を症候群といいます。身近な例として、めまい、耳鳴り、頭痛などの症状が見られるメニエール症候群が挙げられます。

2. 肢体不自由のある子どもの心理・発達

1 心理的な特徴

　生活環境や家族環境などの環境的要因や本人の性格など個人的要因から二次的に心理面の課題が生じる場合があります。学校、医療機関など限られた環境で過ごす時間が長く不特定の他者との関わりが限定されることや、友だちとの集団での遊びの経験が少なくなることは、ソーシャルスキルの獲得を阻害し、

社会性の発達の遅れにつながります。また、運動障害による失敗の繰り返しから苦手な物事や新しい経験に対する消極的な態度が観察されます。周りの大人が不自由さに対して先回りして関わることが多いと、主体性が育ちにくく依存的な傾向が見られるようになります。

② 身体発育の特徴

筋緊張の亢進は関節の可動域制限と関節の変形を生じる要因となります。また、運動障害の程度が重度になるほど身長・体重などの発育に影響を与え、障害のない子どもに比べて身体発育が遅れる傾向があります。先天的に肢体不自由を有する子どもは、さまざまな遊びを通した運動の量の減少や質の低下が、運動の誤学習や未学習による運動発達の遅れを招くことがあります。

③ 認知機能の発達

運動障害、感覚障害に加えて、認知発達の課題や障害を随伴することが指摘されます。例えば、頭部のコントロールや座位など姿勢の安定に課題を有する子どもは、ボディイメージやラテラリティの形成の遅れを伴います。注視や興味のある物を見つける視覚の働き（視覚探索）が物に手を伸ばしたり操作したりする遊びにつながり、視覚と運動は相互に作用しながら発達します。このように認知機能と運動機能は関連し合いながら発達するため、運動障害は認知機能の発達を阻害する要因となります。

④ 知能の発達

脳性まひ（痙直型）児の多くは、ウェクスラー式（WISC-IV）知能検査で言語理解の高さに比較して情報の記憶や処理の能力（知覚推理、ワーキングメモリー、処理速度）が低い傾向を示し、視覚認知と視覚と運動の協応の難しさを有することが指摘されています。知的発達に遅れのない子どもでも、これらの特徴が空間や形の捉えにくさとなり、学習のつまずきにつながることが注目されています。また、重度の脳損傷を有する肢体不自由児の多くは知的障害を併せ有しています。

⑤ コミュニケーションの発達

　発声発語器官（口唇、舌、咽頭など）に運動障害がある脳性まひ児などは、正確な発音が阻害され（構音障害）言葉が不明瞭になります。また、呼吸は発声の基盤になることから胸部や腹部の呼吸筋に緊張が強い子どもも発声が難しくなります。このような発声発語の発達の遅れはコミュニケーションの発達の遅れにつながります。

キーワード

　知能検査：知能検査とは、記憶、言語の理解、計算能力、空間や立体の理解などさまざまな観点から精神機能（知能）を判断する検査です。子どもの検査では、検査結果から同年代の子どもの平均的な知能に対してどの程度の能力があるかを算出して知能指数（IQ）が示されます。実際の年齢の平均的な知能を有する場合、IQは100です。

3. 肢体不自由のある子どもの教育・支援方法

① 肢体不自由児の教育の場

　学校教育法施行令第22条の3において、特別支援学校（肢体不自由）の教育対象となる障害の程度を以下のように定めています。

一　肢体不自由の状態が補装具の使用によっても歩行、筆記等日常生活における基本的な動作が不可能又は困難な程度のもの
二　肢体不自由の状態が前号に掲げる程度に達しないもののうち、常時の医学的観察指導を必要とする程度のもの

　特別支援学校（肢体不自由）の教育は、小学校、中学校、高等学校の教育課程に準ずる教育課程（準ずる教育課程）により指導が行われますが、障害が重複する場合には「重複障害者等に関する教育課程の取扱い」（特別支援学校小学部・中学部学習指導要領第1章第8節）により個々の実態に応じた弾力的な

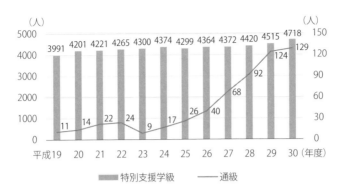

**図2 小・中学校の肢体不自由特別支援学級在籍者数及び
通級による指導を受けている児童生徒数の推移**

※ 文部科学省（2008～2019）より作成

　教育課程の編成が認められています。例えば、知的障害を重複する場合は知的障害教育の各教科を主として指導する教育課程（知的代替の教育課程）、重度または重複障害を有する場合は自立活動を主として指導する教育課程（自立主の教育課程）が編成され、指導が行われます。特別支援学校（肢体不自由）の児童生徒は重度・重複化が進み、自立主の教育課程で学ぶ子どもが多くを占めています。また、医療的ケアといわれる痰の吸引や経管栄養などの対応が必要な児童生徒が増加する傾向にあります。

　肢体不自由の程度が軽度の子どもは、地域の小学校や中学校に通学して特別支援学級や通常の学級に在籍しながら通級による指導を受けています。特別支援学級に在籍する肢体不自由児は、特別支援教育が開始された平成19年度は3991人でしたが、平成30年度には4718人と約1.2倍に、通級による指導は11人（平成19年度）が129人（平成30年度）と11.7倍に増加するなど、地域の小・中学校に在籍する肢体不自由児は増加する傾向にあります（図2）。特別支援学級では、教科等の指導に加えて自立活動の指導が行われます。また、通級による指導を受けている児童生徒の8割が、特別支援学校の教員の巡回指導により自立活動の指導と障害の状態に応じた各教科の補充指導など専門性に基づいた指導を受けています。

2 肢体不自由児の学びにおける課題と支援

(1) 上肢操作（粗大運動、巧緻運動）の困難と配慮

　上肢に運動障害を有する子どもは、教科書のページをめくること、板書を
ノートに書き写すこと、算数の筆算をすることなどに時間を要するために、授
業時間内に障害のない子どもが終える内容を学習できないことがあります。こ
のような子どもたちには、パソコンやタブレット端末などICT（Information
and Communication Technology：情報通信技術）機器を活用して、デジタル
教科書の使用や書字の負担の軽減を図る配慮が進められています。また、学習
用具を操作する理科の実験、家庭科の調理、音楽の演奏、体育の球技などに難
しい様子が見られるため、用具を固定したり片手で操作できる教材を開発した
りするなどさまざまな工夫を行います。

(2) 姿勢の崩れと支援

　四肢まひや体幹の運動障害を有する子どもは、姿勢が崩れやすくなります。
学習時に座位姿勢を安定させることで視覚対象の注視や上肢操作の改善につな
がります。また、姿勢の崩れは側弯など脊柱の二次的な障害の要因になりま
す。座位保持いすやカットアウトテーブルを使用するなど、安定した座位を保
ち身体の負担を軽減しながら学習に取り組めるようにすることが大切です（図
3）。

図3　学習時に安定した座位を保つための支援
左：カットアウトテーブル、書見台、滑り止めシート
右：姿勢保持用クッションチェア

(3) 認知の特性と支援

　脳性まひなど脳性疾患の子どもには、さまざまな認知面の特性があります。特に、視力の低下がなくても見たものを正しく理解することが難しい視覚認知の課題を有する子どもたちがいます。学習場面では、教科書の音読で行を読み飛ばす、画数の多い漢字を覚えることや図形、グラフ、地図の読み取りで苦戦する様子が見られます。このような視覚認知の課題には、文章の行間を広げる、行の先頭にナンバーをつける、漢字や図形は色分けして線の判別をしやすくするなど見やすくするための工夫が有効です。

(4) コミュニケーションの困難と支援

　筋緊張が強い場合など、構音障害のために上手に発音できず言葉が不明瞭になります。その場合、文字盤やVOCA（Voice Output Communication Aid：音声出力会話補助装置）と呼ばれるコミュニケーション支援機器を利用して自分の意志を伝えられるよう指導します。また、重度・重複障害の子どもは言語の受容と表出の獲得が難しく、言語コミュニケーションができない子どもも多くいます。こうしたケースでは、視覚シンボルをカードにしたものやタブレット端末と組み合わせて自分でコミュニケーションできるように取り組みます。

③ 肢体不自由児に対する自立活動の指導

　肢体不自由児は、運動障害、感覚障害や認知の特性など一人一人が異なる不自由さを有します。自立活動の指導にあたっては、障害の状態と学習上・生活上の困難について一人一人の実態を的確に把握して「個別の指導計画」を作成します。実態把握では、医学的な側面からの障害の把握をもとに、生活・学習の側面から捉えた障害による困難と、子どもの性格や行動上の特徴や移動手段、生活環境等との関わりなども踏まえて捉えることが重要です。世界保健機関（WHO）の国際生活機能分類（ICF）の考え方が参考になります。このような実態把握に基づき子どもの自立を目指す観点から指導目標を設定し、学習指導要領に示された6区分27項目を関連づけながら多面的な視点をもち指導内容を検討します（表1）。肢体不自由児の自立活動の具体的な指導内容は、心身のリラクセーション、姿勢や歩行、日常生活や作業上の上肢動作、摂食動作

表1　自立活動の指導事例

指導目標	書字や学習用具の操作性を高め、学習を効率よく行うことができるようにする
指導内容	1. 教師と一緒に体を動かして全身の筋緊張を整える 2. 握りやすく加工した筆記用具を使用して書字の練習をする 4. 滑り止めマット等の補助具を使用して、自分が学習しやすい環境を確認する 3. 教科の場面に応じたパソコンやタブレット端末などICT機器の操作を練習する

やコミュニケーション等に関する指導が行われます。医療機関の理学療法士、作業療法士等の外部専門家から指導・助言を得るなど積極的に連携をとることも重要です。

 キーワード

デジタル教科書：デジタル教科書とは、紙に印刷された教科書（教科用図書）の内容をそのままデータとして記録した教材です。学習上の困難を軽減することができると判断された障害のある児童生徒等の個人がパソコンやタブレット端末に保存して使用します。デジタル教科書は一定のルールの下に使用され、文部科学省は「学習者用デジタル教科書の効果的な活用の在り方等に関するガイドライン」を示しています。

●引用・参考文献

厚生労働省.（2014）.難病の患者に対する医療等に関する法律 説明資料. https://www.mhlw.go.jp/file/05-Shingikai-10901000-Kenkoukyoku-Soumuka/0000052488_1.pdf（2020年5月26日）

文部科学省.（2008～2019）.特別支援教育資料（平成19年）～（平成30年）. https://www.mext.go.jp/a_menu/shotou/tokubetu/1343888.htm（2020年5月26日）

文部科学省.（2017）.平成29年度特別支援教育に関する調査の結果について. https://www.mext.go.jp/a_menu/shotou/tokubetu/1402845.htm（2020年5月26日）

文部科学省.（2017）.特別支援学校 幼稚部教育要領 小学部・中学部学習指導要領. https://www.mext.go.jp/content/20200407-mxt_tokubetu01-100002983_1.pdf（2020年5月26日）

文部科学省.（2018）.特別支援学校教育要領・学習指導要領解説 自立活動編（幼稚部・小学部・中学部）. https://www.mext.go.jp/component/a_menu/education/micro_detail/__

icsFiles/afieldfile/2019/02/04/1399950_5.pdf（2020年5月26日）

文部科学省.（2018）.　学習者用デジタル教科書の効果的な活用の在り方等に関するガイドライン.　https://www.mext.go.jp/b_menu/shingi/chousa/shotou/139/houkoku/1412207.htm（2020年5月26日）

筑波大学附属桐が丘特別支援学校（編著）.（2008）.　肢体不自由教育の理念と実践.　ジアース教育新社.

筑波大学特別支援教育研究センター・安藤隆男（編）.（2016）.　講座 特別支援教育3　特別支援教育の指導法［第2版］.　教育出版.

（ エピソード・スタディ ）

プロフィール　カイト、特別支援学校（肢体不自由）中学部2年生、男子。脳性まひ（痙直型）、上肢は軽度の運動障害があり動きにぎこちなさが見られる。下肢は中等度の運動障害があり歩行が困難なため手動車いすを使用している。

子どもが抱える困難・課題　学校では教材の工夫や補助具の活用など学習上の配慮を受けながら学習を進めていますが、小さな字を書くことや、数学の図形や社会科の地図の読み取りにも苦戦する様子が見られます。体育の授業ではボールの動きに追いつくことができないために球技種目に苦手意識をもっています。学校行事などで校外に出かけるときは長い距離の移動が難しいために移動介助が必要です。また、カイトの自宅は商店街から離れた住宅街にあり、日常生活では買い物などの外出にも消極的です。新しいことにチャレンジすることに躊躇してしまい、同年代の中学生に比べて社会的な経験が不足しがちです。保護者はできるだけ外出させたいと考えていますが、事故に遭うことが心配で一人で外出させることをためらっています。学級担任は、今後の学習や生活指導をどのように進めたらよいでしょうか？

解説　学習上の困難には、視覚認知の特徴に合わせた配慮が必要です。書字の課題にはプリントを拡大する、枠線をつけるなどの工夫をするとよいでしょう。数学の図形や社会科の地図は色を使い分けて注目する部

分を協調するなどの工夫をします。また、体育の授業では、他の生徒と同じ種目を行いながら障害の実態に応じて指導目標と指導内容を設定し、授業に参加できるように配慮します。日常生活の配慮には、関係機関と連携した支援を行います。例えば、校外の移動をしやすくするために福祉士と相談して電動車いすの導入を検討します。また、保護者に対しても面談や卒業生の体験談を聞く機会などを通して、将来の生活を視野に入れた子どもを見守る必要性について理解を深められるよう支援します。

第9章

病弱・身体虚弱の子どもの理解と支援

松浦　孝明

1. 病弱・身体虚弱とは

① 病弱・身体虚弱の定義

　病弱や虚弱という言葉は、体が弱く病気がちであることを指す一般的な言葉です。学校教育においては、病弱とは、「心身の病気のため継続的又は繰り返し医療又は生活規制（生活の管理）を必要とする状態」を、身体虚弱とは、「病気ではないが不調な状態が続く、病気にかかりやすいなどのため、継続して生活規制を必要とする状態」を表す際に用いられます（文部科学省, 2013）。すなわち「病弱」とは、病気にかかり体力が弱っているために長期間継続して入院したり在宅で療養したりして、生活や運動などの活動を制限されている状態です。また「身体虚弱」とは、病気にかかりやすい、もしくは継続的な体調不良が見られることにより通常の生活に支障をきたしている状態です。近年、治療があまり必要ではなく頭痛や腹痛などいろいろな不定の症状（不定愁訴）を訴えて学校の欠席が多いなどのケースも「身体虚弱」に含まれるようになってきました。本書では、特別な支援を必要とする病気（病弱・身体虚弱）の子どもを「病弱児」として扱います。

② 病気の種類

　病弱児が通う特別支援学校（以下、特別支援学校（病弱））や特別支援学級（以下、病弱・身体虚弱特別支援学級）に在籍する子どもの病気は、生活環境（栄養、衛生など）の改善や医学・医療の進歩により変化してきました。近年は感染症、喘息、腎疾患などが減少し、心身症、悪性新生物などが増加する傾向があります。また、慢性疾患が多くを占めるなど病気が多様化しています。慢性疾患とは長期間の治療を必要とする病気で、「小児慢性特定疾患治療研究事業」（厚生労働省）の対象疾患には16群762疾病（令和元〈2019〉年7月現

在）が指定されています。

「小児慢性特定疾患治療研究事業」の対象疾患16群

1. 悪性新生物　　2. 慢性腎疾患　　3. 慢性呼吸器疾患　　4. 慢性心疾患
5. 内分泌疾患　　6. 膠原病　　7. 糖尿病　　8. 先天性代謝異常
9. 血液疾患　　10. 免疫疾患　　11. 神経・筋疾患　　12. 慢性消化器疾患
13. 染色体又は遺伝子に変化を伴う症候群　　14. 皮膚疾患
15. 骨系統疾患　　16. 脈管系疾患

---

①小児がん（悪性新生物）

　小児がんは、小児がかかるがんの総称です。小児がんの約4割を占める白血病（血液のがん）や腫瘍の発生する部位により脳腫瘍、リンパ腫、骨肉腫などがあります。治療は、手術、薬物療法、放射線治療、血液（造血幹細胞）移植など複数の治療を組み合わせて行われます。成人のがんに比べて治療効果が高く、医療の進歩により治る病気になってきました。入院中は特別支援学校（病弱）や病院内に設置された学級に在籍し、退院後は地元の小・中学校に戻る子どもがほとんどです。

②気管支喘息（呼吸器系疾患）

　気管支喘息は、突発的に気道が狭められてゼーゼーと音のする呼吸（喘鳴）を伴い呼吸困難の症状を呈します（喘息発作）。アレルギーになりやすい体質（アトピー素因）と環境が発症に関与しており、アトピー性皮膚炎や食物アレルギーを合併することがあります。発作はハウスダスト、カビ、ダニなどのアレルゲン（原因物質）を吸い込んだり特定の化学物質に対して反応したりする場合や、激しい運動によって誘発される場合（運動誘発喘息）があります。発作を起こさないようにするために、環境を整えることや運動を継続的に行うことも有効です。

③心疾患（循環器系疾患）

　子どもの心疾患には、心室中隔欠損症・心房中隔欠損症など心臓の奇形による先天性心疾患と、感染性の心筋炎や川崎病などの後天性心疾患などいろいろな病気があります。心疾患の症状には、顔色が悪くなったり、息切れ、動悸、胸痛、吐き気やチアノーゼが見られます。近年、乳幼児期より内科的・外科的

治療が行われるようになり、他の子どもと同じような生活を送ることができるようになっています。一方、継続的治療を必要とする場合も多く、病状や生活制限に応じた配慮が必要になります。

④腎疾患

　腎臓は、血液をろ過し体に不必要となった老廃物を尿として排泄する役割と、体の水分や電解質など体液バランスを保持する役割を担っています。急性・慢性糸球体腎炎、ネフローゼ症候群などの腎疾患で腎機能が低下すると、血尿やタンパク尿が認められ、むくみや高血圧、疲労感を伴うことがあります。症状に応じて、運動や日常の活動及び食事や水分摂取などが制限されます。腎不全が進行すると血液透析や腎移植が必要となります。

⑤筋ジストロフィー

　筋ジストロフィーは、筋の萎縮と筋力低下が成長とともに進行します。四肢体幹の運動障害を生じるため肢体不自由教育の対象疾患でもあります（第8章参照）。思春期以降、呼吸筋や心筋の機能が低下すると、学校で人工呼吸器の使用や痰の吸引など医療的ケアが必要となります。専門医療機関による呼吸・循環機能の定期的な検査の結果を踏まえて、医師と相談しながら病状に応じた生活指導や学習環境を整備することが不可欠です。

⑥てんかん

　脳の神経細胞に異常な脳波（電気的興奮）が生じて、意識障害、運動・感覚障害などを伴う突発的なけいれん発作を呈します。発作は体の一部に症状が見られる部分発作と全身に症状が見られる全般発作に分けられます。大部分のてんかんは、継続服薬により発作をコントロールすることができています。発作がコントロールされている子どもは、体育や学校行事などへの参加制限は不要ですが、水泳の授業などは十分な配慮が必要です。また、脳性まひやその他の脳の疾患に合併するケースもあります。

⑦心身症、うつ病（精神性疾患）

　心身症とは、腹痛などの身体症状の要因として心理的な問題やストレスが密接に関係していると判断されるものです。症状は、腹痛、頭痛、疲労感、吐き気などさまざまです。近年、特別支援学校（病弱）に摂食障害（拒食症や過食症など）の診断を受けた子どもが増えています。また、日常生活や学校生活に

おけるストレスからうつ病等の精神疾患を発症する子どもも増える傾向にあります。抑うつ的な気分や腹痛などの身体症状のほか、ぼーっとする、不機嫌になる、周囲に当たり散らす、登校をしぶる、急な成績低下など子ども特有の特徴も見られます。精神性疾患の子どもには、発達障害（自閉症、学習障害、注意欠陥多動性障害など）の診断を受けている子どもの割合も増加しています。

 キーワード

生活規制：運動や食事などの日常生活や学校生活上の制限、生活上の管理をいいます。

チアノーゼ：血液中の酸素濃度が下がると血液が青く見える状態になり、唇や指先など四肢の末梢や全身の皮膚や粘膜などが青紫色になります。心臓の疾患が原因の場合は、心臓の欠陥や心臓内の血液循環の不良により動脈血と静脈血が混ざった酸素が少ない血液が全身に送られることにより生じます。また、肺などの呼吸器疾患により酸素が十分に吸収できないことや、体温低下による末梢の毛細血管の閉塞なども原因となります。

2. 病弱児の心理・発達

① 心理面の特徴

　病弱児は、病気に対する不安を感じながら日常の家庭生活や学校生活においてさまざまな制約を受けています。焦りや不満を感じて生活や学習に対する意欲が低下する、積極性や主体性が乏しくなる様子が見られがちです。不安がストレスとなり性格や行動上の特徴として現れることがありますが、子どもの不安の背景を十分に理解した対応が求められます。病弱児には次のような不安が見られることがあります。

　①病気の悪化に対する不安：病気による心身の不調、痛み、衰弱などの経験から病気がさらに悪化するのではないかという不安。再発に対する不安。

　②治療や療養生活への不安：終わりの見えない治療や自分でコントロールできない生活制限に対する不安。薬の副作用による体のむくみ、頭髪が抜け

ることなど見た目の変化に対する不安。

③社会性、対人関係構築の不安：親しい友人から離れることによる孤独感、入院等のために社会的な経験を重ねることができないことによる自信喪失、セルフエスティーム（自己肯定感）の低下。

④学習の遅れに対する不安：手術や入院治療、自宅療養中に学校に通学できないことによる学習空白や、学習再開後に授業についていけないことへの不安。進級・進学に対する不安。

② 発育、発達の特徴

手術や服薬治療後にホルモンバランスが崩れて低身長や第二次性徴の発現の遅れなどが見られることがあります。また、偏った栄養バランスがやせや肥満を招いたり、病気に対する行きすぎた生活管理（身体活動の制限）が身体発育の停滞につながったりします。このような発育、発達の遅れは、同世代の仲間との違いを意識するようになる思春期にはストレスにつながることもあります。

3. 病弱児の教育・支援方法

① 病弱児の教育の場

病弱児の指導は、特別支援学校（病弱）、病弱・身体虚弱特別支援学級、通級による指導、通常の学級で行われます（図1）。

平成30年度の特別支援学校（病弱）の在籍者数は1万9277名で近年横ばい

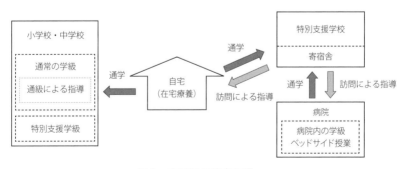

図1　病弱児の教育の場

表1 平成30年度の病弱児に対応する学校数、学級数及び在籍者数

	学校数・学級数	在籍者数
特別支援学校（病弱）	152（143）	19,277（19,653）
病弱・身体虚弱特別支援学級	2,279（1,488）	3,725（2,570）
通級による指導	—	31（13）

※ 文部科学省（2013, 2019）より作成
　（ ）内の数値は平成25年度

状態です。小・中学校等の病弱・身体虚弱特別支援学級の在籍者数は3725名で、この5年間で1.4倍になるなど増加傾向にあります（表1）。

①特別支援学校（病弱）の指導

　学校教育法施行令第22条の3において、特別支援学校（病弱）の教育対象となる障害の程度を以下のように定めています。

一 慢性の呼吸器疾患、腎臓疾患及び神経疾患、悪性新生物その他の疾患
　 の状態が継続して医療又は生活規制を必要とする程度のもの
二 身体虚弱の状態が継続して生活規制を必要とする程度のもの

　特別支援学校（病弱）の多くは病院に隣接して設置されています。教育内容は小学校、中学校、高等学校の教育課程に準ずる教育を行います。ただし、病気の治療による学習空白のために、学習の遅れが認められるケースが多く見られます。学習の遅れ、生活経験の不足などの子どもの実態や学習環境と、病気の状態や医療的な管理などに応じて指導方法の工夫が求められます。近年、ICT（Information and Communication Technology：情報通信技術）やIoT（Internet of Things）の活用による遠隔教育などを有効に活用して、教室に通えなくても授業が受けられるようになりつつあります。併置された寄宿舎で家庭から離れて生活する子どもの生活指導や、教員が子どもの入院している病院や在宅療養している家庭を訪問して指導を行う訪問教育も担っています。

②病弱・身体虚弱特別支援学級の指導

　病弱・身体虚弱特別支援学級には、小学校や中学校内に設置された学級と病院内に近隣の小・中学校の特別支援学級として設置された学級があります。教

育内容は、小・中学校に準ずる教育を行いますが、特別支援学校（病弱）と同様に一人一人の実態に応じた指導を行います。また、自分の病気の理解や心理的な安定等を目的とした自立活動の指導も重要です。

　病院内に設置された学級では、入院前の学習の継続とスムーズに復学できるように配慮した教科の指導が行われます。病院内の学級に通うことは、治療だけでなく、リズムのある生活を送ることができると同時に、仲間と一緒に勉強したり活動したりすることで社会の中で過ごしていることを実感して自己肯定感を高めることにもつながります。手術直後や医療的な管理が優先される状態のために病室から出ることが難しい子どもには、病室のベッドサイドで教師による一対一の個別指導を行うことがあります。

③通級による指導・通常の学級における指導

　自宅で継続的な治療を続けながら、地域の小・中学校の通常の学級に在籍して教科等の学習や自立活動の指導を受ける病弱児が増えています。ただし、自宅で治療を続けながら小・中学校の通常の学級で学ぶためには、学習環境の整備（基礎的環境整備）や健康面・安全面・学習面などで十分な配慮（合理的配慮）が必要です。配慮事項としては、休憩への配慮（場所と時間の確保）、病気のために実施の難しい体育の実技や理科の実験等の指導の工夫や内容の変更、行事の参加への配慮などが行われます。また、体調不良や病状の変化に対して家庭や病院（主治医）に連絡がとれるように緊急対応できる体制を整えておくことが求められます。

　運動や生活全般における活動の内容や強度については、教員が独自に判断せず、主治医が作成した「学校生活管理指導表」（日本学校保健会）に従って適切な内容を設定するとともに指導方法を工夫します。例えば、体育の指導では、気管支喘息など病気によっては適切な運動が健康の回復に有効な場合があります。このような場合も、「学校生活管理指導表」に基づいて指導内容を設定するとともに、子どもの状態を確認しながら指導します。

② 病弱児に対する教科の指導における配慮

　各教科等の指導においては、特別支援学校学習指導要領（小・中・高等部）では次の事項に配慮することが示されています。

図2　電動車いすのリクライニング機能を利用した休養（画：ケン・サイトー）

①指導内容を適切に精選し、基礎的・基本的な事項に重点を置く。

②健康の管理と改善において自立活動の指導と密接な関連を保つ。

③体験的な活動を伴う内容で指導方法を工夫する。

④教材・教具等を工夫し、情報機器を活用する。

⑤学習活動の負担過重と必要以上の制限を避ける。

⑥疲労や症状に配慮した休養の確保に留意する。

　学習時間の制約や学習空白に対しては、基礎的・基本的な事項に重点を置き指導する内容を精選することが大切です。また、体験的な活動を伴う学習においても、直接的な体験が制約される場合は間接的な経験や擬似的な体験により理解を深められるような配慮が大切です。学習時間や量においては、課題など学習活動が負担になりすぎたり、その逆に配慮しすぎて十分な学習が保障されなくなることがないよう、病気の特性や子どもの状態を把握して適切な課題を設定しなければなりません。長時間座った姿勢で学習することが難しい子どもには、姿勢保持に合わせた座位保持用いすの使用や体調に合わせた休憩時間の確保を行います（図2）。

 キーワード

IoT（Internet of Things）：「モノのインターネット」と訳されます。インターネットを通じてコンピュータ同士だけでなく、日常生活で使用しているさまざまなモノに通信機能をもたせてインターネットに接続することで、離れた場所から情報を得たり操作したりすることがで

きるようになりました。遠隔授業の実施や遠隔操作ロボットの利用など、障害のある子どもたちの学習支援に活用されるようになっています。

③ 病弱児に対する自立活動の指導

病弱児に対する自立活動の指導は、特別支援学校、特別支援学級、通級による指導において行われます。自立活動の内容は6区分27項目が示されますが、子どもの実態（病気の状態、年齢、環境等）に応じて適切な指導目標・指導内容を設定して指導を進めます。病気への対応に加えて心理面・情緒面・行動面等の課題に対する指導も大切です。健康を維持することを目標とした指導では、自分の病気に対して正しい知識をもち理解する力をつけること、病気や生活の自己管理の仕方を理解する力をつけること、自分の病気について他者に伝える力と援助を依頼する力をつけることなどが指導内容になります。また、通常の学級に在籍しながら通級による指導を受けていない病弱児に対しても、個別の指導計画を作成するなどして学校生活全体を通した自立活動の指導を行うことが重要です。

④ 病弱児に対する組織的な連携

病弱児には、治療のための入院による転校を経験する子どもが多くいます。病気のために特別支援学校（病弱）等に転校した子どもが、入院する前に在籍していた学校に戻る復学時の組織的な支援が大切です。退院後も服薬などの治療が続いたり、体力が低下したりしている場合があります。子どもの復学にあたっては特別支援教育コーディネーターが中心となり、管理職、担任教諭、養護教諭を含めた復学支援会議を開くなどして受け入れ後の配慮事項について検討します。その際、保護者や主治医等の医療関係者、特別支援学校との連携も欠かせません。

キーワード

復学支援会議：復学する学校の特別支援教育コーディネーター、学級担任、養護教諭、保護者、入院中の学校の教員、医師、看護師などさ

まざまな立場の関係者が集まり、病気の子どもが地域の学校に復学した後の学校生活上に必要な配慮を検討するための会議を行います。①子どもの病気の状況、②入院中の学習状況、③登校する時間、④学校生活上の留意事項、⑤不調時の対応、⑥クラスメイトへの病気の説明などについて話し合われます。

●引用・参考文献

日下奈緒美. (2015). 平成25年度全国病類調査にみる病弱教育の現状と課題. 国立特別支援教育総合研究所研究紀要, 42, 13-25.

真部淳・松藤凡・小林京子（編）. (2019). 看護学テキスト NiCE 病態・治療論［14］ 小児疾患. 南江堂.

文部科学省. (2013). 教育支援資料 V病弱・身体虚弱. https://www.mext.go.jp/component/a_menu/education/micro_detail/__icsFiles/afieldfile/2014/06/13/1340247_10.pdf（2020年5月6日）

文部科学省. (2014・2019). 特別支援教育資料（平成25年度）・（平成30年度）. https://www.mext.go.jp/a_menu/shotou/tokubetu/1343888.htm（2020年5月6日）

文部科学省. (2015). 長期入院児童生徒に対する教育支援に関する実態調査の結果（概要）. https://www.mext.go.jp/a_menu/shotou/tokubetu/__icsFiles/afieldfile/2015/08/14/1358301_01.pdf（2020年5月6日）

文部科学省. (2019). 平成30年度 特別支援教育に関する調査の結果について. https://www.mext.go.jp/a_menu/shotou/tokubetu/1402845_00003.htm（2020年5月6日）

滝川国芳・西牧謙吾・植木田潤. (2011). 日本の病弱・身体虚弱教育における特別支援教育体制の現状と課題——全国都道府県・政令指定都市を対象とした全数調査から. 小児保健研究, 70 (4), 515-522.

全国特別支援学校病弱教育校長会・国立特別支援教育総合研究所. (2010). 病気の児童生徒への特別支援教育 病気の子どもの理解のために. http://www.nise.go.jp/portal/elearn/shiryou/byoujyaku/pdf/supportbooklet_2.pdf（2020年5月6日）

（ エピソード・スタディ ）

プロフィール ソウマ、小学校6年生、男子。悪性腫瘍のため右下肢を手術、右下腿に装具を着用して歩行補助用の片手用杖を使用している。

自宅から地域の小学校に通い通常の学級に在籍している。

子どもが抱える困難・課題　小学校5年生のときに入院治療のため病院内に学級のある学校に転校しました。退院後は地元の小学校に復学しましたが、以前のように学校生活が楽しく感じられません。治療中の薬の副作用のために髪の毛がすべて抜けてしまったことが気になり、小学校の授業中も帽子をかぶっています。また、手術の影響から右脚の膝から下の部分を上手に動かすことができないため走ることが難しくなりました。自分の体に起きた変化に戸惑っている様子が見られ、友だちと遊ぶことも躊躇してしまいます。周りの友だちもどのようにソウマと関わりをもてばよいのか悩んでいるようでした。学習に関しては治療のために十分な学習時間がとれず、5年生の教科書で学ぶことができなかった内容がありました。そのために6年生の学習内容も理解することが難しいものがあります。学級担任の先生はソウマにどのような支援をしたらよいのでしょうか。

解説　病気の子どもの心身の状態は、入院前と変化しています。このようなケースでは、学級担任の先生はクラスメイトに病気について説明し、理解を促します。伝える内容は個人情報にあたるので、病気の子ども本人と保護者に何を伝え、何を伝えないでほしいか確認し、同意を得ます。病気の説明があることで、病気の子どもは友だちが自分のことを理解しているという安心感をもつことができます。学習については入院中の担任の先生と情報交換を行い、子どもの学習の実態を把握して、学習空白などが認められる場合は適切な指導を行う必要があります。特別な指導が必要な場合には、通級による指導を受けられるようにします。学校は、復学時に復学支援会議などを開いて子どもの実態について情報を得ることが大切です。

きょうだい児について

鈴木 祥隆

1. きょうだいとは

　障害児者の兄弟姉妹のことを、ひらがなで「きょうだい（児）」と書きます。彼らの親は、障害のある子に手がかかるために、きょうだいのことまで考える余裕がないことがあり、きょうだいの多くは、一度は寂しい思いをした経験があると思われます。

　さて、きょうだいといっても、さまざまです。障害には、視覚障害、聴覚障害、知的障害、肢体不自由、病弱等があります。また、障害の程度や障害の発生時期もさまざまです。さらに、障害のある兄姉なのか弟妹なのか、兄弟姉妹の数や家族構成によっても、きょうだいの立場は異なります。障害のある兄弟姉妹ときょうだいが同性か異性かによっても立場は異なります。このように、きょうだいといっても、いろいろな立場があり、「きょうだい」と一括りにすることはできません。そのため、きょうだい一人一人や、きょうだいが置かれている環境を見ることが大切になります。

2. きょうだい児の特性について

　吉川（2008）によれば、きょうだい児の特徴は大きく5つに分類されています。①ヒーロータイプ、②身代わりタイプ、③いなくなった子タイプ、④道化師タイプ、⑤世話焼きタイプです。ここでは詳しく述べませんが、アダルトチルドレンの特徴がきょうだいにも当てはまるというものです。①ヒーロータイプは、優等生であり家族の誇りとなるような行動をとることで自分の存在価値を得ようとするタイプ、②身代わりタイプは、家でも学校でも何かとトラブルを起こすことで、家庭の中にある葛藤や緊張から目をそらさせる役割を果たしているタイプ、③いなくなった子タイプ

は、ほめられるわけでも問題を起こすわけでもなく、目立たずに存在を忘れられたかのようにしているタイプ、④道化師タイプは、おどけた態度やしぐさで家族の緊張を和らげ、場を和ませる役割を担うタイプ、⑤世話焼きタイプは、小さいときから親の面倒を見たり、愚痴や相談を聞いてあげたりとカウンセラーのような役割を果たし、妹や弟の保護者役になったりするタイプとされています。以上、5つのタイプについて、簡潔に述べましたが、どのタイプが良いとか、悪いとかではありません。きょうだい児がアダルトチルドレンの特徴をもった結果として、「生きにくさ」を感じていないかということに注目をしてほしいのです。

3. きょうだいが直面する困難

　例えば、日常生活場面です。自己紹介をする場面です。「兄がいます」「何歳？　今、なにしてるの？」「えっと、兄には障害があって…」「…ごめん」というように会話が進みます。兄弟姉妹のことを話すという何気ない会話のように思われますが、きょうだいからすると心理的なハードルが高い話題であったりします。他にも、進路をどうするか、恋愛や結婚において、障害のある兄弟姉妹のことをどのタイミングで伝えるのか、相手や相手の家族が障害のことをどのように捉えるのか、両親が亡くなった後はどのようになるのだろうなど、きょうだいは障害のある兄弟姉妹のことなしに、自分自身のことを考えることが難しいことがあります。このようなことから、地域の「きょうだいの会」などに参加して一人で抱え込まない状況を整えてあげることが大切です。

　一つ事例を紹介します。両親と自分で体を動かすことが難しい肢体不自由の姉と弟（きょうだい）。日頃、弟は姉の食事や車いすに座っている姿勢を直すといったお手伝いをします。母親が対応できないときや緊急時に、姉がトイレに行きたいと言えば、弟がお手伝いをします。入浴や入浴後の身体を拭くといったお手伝いをする状況もあります。目の前に生きている障害のある兄弟姉妹がいます。異性だから手伝わない、第二次性徴を迎えたから手伝わないという選択肢がない状況があります。それが家族として生きていくことなのです。いろんな苦悩や葛藤とともにきょうだいや家族は成長をしていくのです。

●引用・参考文献

吉川かおり. (2008). 子ども時代の家庭での経験（家族機能）. 国際障害者年記念ナイス
　　ハート基金（企画・編集），障害のある人のきょうだいへの調査報告書（pp. 12-15）. 国
　　際障害者年記念ナイスハート基金.

第4部

特別な支援を要する
環境下にある子ども

第10章　外国にルーツをもつ子どもの理解と支援

呉　栽喜

　近年、外国人登録者数の増加に伴い、日本の学校では多国籍化・多文化化が進行しています。その背景には1980年代から90年代に起きた難民条約批准によるインドシナ難民受け入れ、身元引受人制度改善による中国残留邦人帰国者、入管法改定による日系人在留資格拡大に加え、最近の国際結婚の増加などがあります。こうした社会情勢の変化に伴い、日本の学校で学ぶ外国にルーツをもつ子どもが増えており、その子どもたちの日本語や学力の不足、不就学や学校不適応などの問題が生じています。多くの外国にルーツをもつ子どもにとっては、日本語は初めて学ぶものであり、学校生活そのものも困難を伴うものです。この章では、外国籍児童をはじめ「外国にルーツをもつ子ども」の現状、教育及びその支援について学習します。

1. 外国にルーツをもつ子どもの現状

　「外国にルーツをもつ子ども」とは、外国籍の子どもをはじめ、日本国籍（または日本と外国の二重国籍）をもつ子ども、難民2世など、何らかの理由により無国籍状態にある子どもを包括して指す言葉です。この中には、つい先日来日したばかりという子どもや、日本で生まれ育ち、海外での長年にわたる生活経験をもつ帰国子女も含まれます。

　外国にルーツをもつ子どもの教育については、憲法及び教育基本法では、国民はその保護する子女に普通教育を受けさせる義務を負うものとし、普通教育を受けさせる義務は、日本国籍以外の外国人には課せられないという解釈ができます。しかし、昭和54（1979）年「国際人権規約」の「経済的、社会的及び文化的権利に関する条約」（A規約）の第13条には、「初等教育は、義務的なものとし、すべての者に対して無償のものとする」と規定されており、すべての子どもに対して教育を受ける権利を保障しています。また、平成

元（1989）年の第44回国連総会において採択された「児童の権利に関する条約（子どもの権利条約）」第28条にも「教育についての児童の権利を認める」など小学校、中学校等では入学を希望する外国籍の子どもを無償で受け入れる等の措置を規定しています。日本はいずれの条約も批准していますから、日本に住んでいるすべて子どもに教育を受ける権利が保障されているといえます。

　通常では、義務教育の就学年齢にある外国人の子どもが外国人登録されれば、市町村教育委員会はその登録内容に基づき、外国人の保護者等に対して就学案内を行います。また、外国人の子どもやその親が公立の小学校や中学校等への入学を希望する場合には、市町村の教育委員会は入学すべき学校を指定し、当該学校に入学させることとなります。

　ただ、外国籍の保護者にはその子どもに日本の教育を受けさせる義務はないので、日本に在住する外国籍の子どもすべてが日本の学校に在籍するわけではありません。在日外国人学校やインターナショナル・スクールでの就学、通信教育などの多様な形態での学習が可能です。しかし、こうした子どもたちの多くが、社会的・経済的な条件などを考慮したうえで、日本の学校で学んでいるのも現実です。

　公立学校に在籍している外国籍子どもの数は、年々増加傾向にあり、平成30（2018）年5月現在9万3133人が在籍しています。多様な背景をもつ子どもたちが日本の学校で学ぶためにはどのような環境が求められるかを考える第一歩として、ここでは外国にルーツをもつ子どもが抱えている諸問題について見ていくことにします。

① 日本語の壁

　外国にルーツをもつ子どもへの教育の重要な柱は、就学保障、学習保障、進路保障といえます。このうち、学校現場が重要な役割を担うのは学習保障であり、子どもが学び、知識をより確かなものにするためには言語の習得が大前提となります。学校で学ぶためには、教科書に記載されている内容を正しく理解し、読み解いていく必要があります。日本語力不足とは、日常会話の困難とともに、学年相当の語彙力の欠乏と学習活動への弊害が生じてしまっている状態のことです。

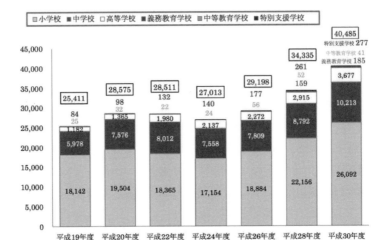

図1　日本語指導が必要な外国籍の児童生徒数

※ 文部科学省（2019b）より

　文部科学省の「『日本語指導が必要な外国人児童生徒の受入状況等に関する調査（平成30年度）』の結果について」（図1）によると、平成30年度で、日本語指導が必要な外国籍の児童生徒数は4万485人で年々増加しています。

　また、日本語指導が必要な外国籍の児童生徒の母語別の割合は、ポルトガル語を母語とする者が25.7％と最も多く、次いで、中国語23.7％、フィリピノ語19.5％、スペイン語 9.4％の順です。

　平成26（2014）年4月から外国にルーツをもつ子どもたちの日本語指導が、特別の教育課程に位置づけられることになりました。これまで日本語指導は、外国にルーツをもつ子どもにとって多くの時間数を費やしながらも、教育課程に制度化されていませんでした。「特別の教育課程」における日本語指導には、子どもの日本語の能力を高める指導のみならず、本人の日本語の能力に応じて行う各教科等の指導も含まれています。日本語の能力に応じた指導の目的は、子どもたちが日本語を用いて学校生活を営むとともに、学習に取り組むことができるようにすることです（表1）。基礎的な力としての発音、文字表記、語彙、文型に関する指導や、子どもたちの日本語の習得状況、学習の進捗状況に合わせて指導計画を立てることが必要となります。

表1 「特別の教育課程」としての編成・実施

①	指導内容：児童生徒が日本語で学校生活を営み、学習に取り組めるようになるための指導
②	指導対象：小・中学校段階に在籍する日本語指導が必要な児童生徒
③	指導者：日本語指導担当教員（教員免許を有する教員）及び指導補助者
④	授業時数：年間10単位時間から280単位時間までを標準とする
⑤	指導の形態及び場所：原則、児童生徒の在籍する学校における「取り出し」指導
⑥	指導計画の作成及び学習評価の実施：計画及びその実績は、学校設置者に提出

※ 文部科学省（2019a）より

　しかし、学校現場では多文化理解や日本語指導といった専門的人材の配置は十分とはいえません。日本語の指導が必要な子どもたちが多数在籍する学校には「日本語教室」が設置されていますが、巡回講師の役割分担や位置づけなどが不明瞭で、学校側や担任の教師、保護者との連携不足、子どもたちの生活実態に対する認識不足などの問題も指摘されています。

　さらに、日本語の教育機会には、自治体や地域による格差の問題があります。自治体の人口に占める外国籍住民の割合が高い地域（集住地域）では比較的手厚い支援が行政主導で行われているのに比べ、外国人割合が少なく地域の学校に1人または2人しかいない、または市内に数名点在しているだけというような地域（散在地域）では、十分な支援体制が整っていないのが現状です。今現在も学校に支援体制がないことを理由に就学を断られるケースがあり、子どもたちの教育機会の保障のためにも一刻も早く解決すべき問題です。

② 多様な文化的背景

　外国にルーツをもつ子どもたちは、来日の経緯、時期、言語や宗教、生活様式などの文化的背景により、置かれている状況が大きく異なります。例えばイスラム教圏の子どもは豚肉を口にすることを禁じられていて、クラスの子と同じ給食を食べることができない場合があります。そのようなときにはイスラム食文化に対応したハラルミールを学校給食として提供するなどの個別的対応が求められます。また、イスラム教の宗教的慣例であるラマダン（断食月）を子どもが行うかどうか、体育や水泳においても服装について保護者と事前に相談を行うなど、子どもの文化的背景への理解は重要な視点となります。

最近では、日本で生まれ育った外国籍の子どもも多くなっています。一見すると日本語や日本文化に適応しているようでも、なかには日本語話者との交流が限られている子どもや、日本文化に関わる生活体験がほとんどない子どももいます。

③ 不就学や進路問題

文部科学省が行った外国籍の子どもの就学状況に関する全国調査平成31 (2019) 年では、日本に住む義務教育相当年齢の外国籍の子ども12万4049人のうち、15.8％にあたる1万9654人が、国公私立校や外国人学校などに在籍していない不就学の可能性があることが明らかになりました。義務教育段階の子どもが教育を受ける機会を奪われるのは大きな問題です。また、学校に通っていても、不慣れな日本語による学習の挫折、いじめ、家庭の経済事情などによる不登校問題も指摘されています。

その他、義務教育終了後の進路問題も重要です。日本人の子どもの高校進学率が97％を超えている現在において、外国籍の子どもの高校進学率は60％前後にとどまるような状況が報告されています。特定の高校に外国人などを対象とした「特別入学枠」を設け、推薦入試のように面接や作文などで学力検査を行う制度など、「入試特別措置」として配慮を受けることのできる制度があります。しかし、地域による受験格差や、入学後の学習支援が得られないなどの課題もあります。

近年の外国労働者の日本での滞在は長期化・定住化傾向にあり、小・中学校などの学校現場では、外国にルーツをもつ子どもの日本社会における自立を視野に入れ、キャリア形成を見据えた教育や取り組みが求められます。高校などの入学試験に対応できる学力育成をはじめ、将来的な自立に向けた長期的スパンで、外国にルーツをもつ子どもたちの教育を考える必要があります。

 キーワード

就学保障：教育を受ける権利は人間にとってかけがえのないものです。しかし、日本では外国籍の子どもに対し法律上の就学義務を課すものではなく、子どもの就学は親の意思や環境次第ということにな

り、教育を受ける権利が確実に保障されていないのが現状です。外国人の子どもたちにも学校への就学の機会が開かれ，言語や文化の差などに配慮しながら実質的に初等教育が修められる環境が必要です。

2. 外国にルーツをもつ子どもへの支援

　江原（2011）は支援について、生活言語習得と学習言語習得を意識した日本語教育、子どもの学力、母語・母文化の維持、受け入れ側の意識改革を考慮しつつ、何より心の安定を図ることが重要であると述べています。ここでは、「日本語学習への支援」「心の居場所確保」「保護者への支援と地域との連携」の3つに分けて考えることにします。

　まず、「日本語学習への支援」です。日本の子どもたちと同様に、外国にルーツをもつ子どもたちにも読む、書く、話す、聞くという言葉の力を使って学校での知識を獲得し、それを表現する能力を身につけることが必要です。子どもが理解しやすいように教材などを工夫するとともに、子どもの学力の根底となる安心感をもって学習することができているかが重要です。その一つの手立てとして、日本語指導と教科指導を統合し、学習活動に参加するための力の育成を目指したJSL（Japanese as a second language）、すなわち「第二言語としての日本語」カリキュラムがあります。また、学習ツールとして、ICT（Information and Communication Technology：情報通信技術）を活用した多言語翻訳システムや、DAISYと呼ばれる図書の読み学習支援などがあります。DAISYはDigital Accessible Information System（アクセシブルな情報システム）の略で、パソコンやタブレット端末で使う電子書籍の一つです。音声にテキストおよび画像をシンクロ（同期）させることができるので、音声を聞きながらハイライトされたテキストを読み、同じ画面上で絵を見ることもできます（図2）。学校は、子どもの母語や母文化を尊重しながら、子どもたちの学習を保障するさまざまな努力をしてくことが大切です。

　次は、「心の居場所確保」です。外国にルーツをもつ子どもが学校生活に適応し自分らしく生きていくための「心の居場所」を確保するには、周りの子ど

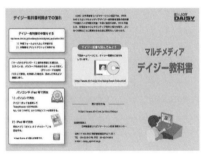

**図2　2015年版「ももたろう」（文：浜なつ子、絵：よこやまようへい）（左）と
「マルチメディアデイジー教科書」パンフレット（右）**

※　左：公益財団法人伊藤忠記念財団ホームページより
右：公益財団法人日本障害者リハビリテーション協会ホームページより

もたちへの理解を広げていく工夫が必要です。母国で生活してきた自分と日本
で生活している自分とを共存させ、どちらも活かしながら生活していくことが
できる環境を整える必要があります。自分が受け入れられているという安心感
は、子どもの文化的アイデンティティの構築を促します。心の居場所とは、教
室や特別指導を行うための日本語教室や保健室など、担任教員に限らず、自分
を受け入れ、安心させてくれる人のいる場所となります。また、母国の文化が
よく表れている家庭や子どもが暮らす地域との連携も居場所を確保するための
重要な鍵となります。

　最後に、「保護者への支援と地域との連携」です。子どもが学校生活を問題
なく送れるか否かは、保護者の教育への理解や態度によって大きく左右されま
す。保護者の多様な文化的背景を尊重しつつ、対話を通して理解を深めること
が大切になります。学校連絡文書の翻訳、保護者対応の際の通訳、保護者を対
象とする相談機関の設置、進学ガイダンス等の支援などにより、学校からの情
報を保護者へ的確に伝えることが必要です。学校以外にも、外国にルーツをも
つ子どもとその家族が地域とつながりを築くために、地域のボランティア、市
民団体、NPOの活用も欠かせません。子どもの学習面の支援だけでなく、精
神面のケア、そしてその親が日本で生活に必要なスキルを身につける機会や、
子どもの学習や進学に関する知識を得ていく機会も大切です。

　日本政府は令和元（2019）年6月「外国人材の受入れ・共生のための総合的
対応策」の追加策を公表しました。そこには、今後の日本語教育の推進に関す

る法律案の成立なども含め、外国にルーツをもつ子どもたちの教育環境の整備や、外国人保護者の子育て支援など、体制の整備が示されています。今後、言葉の壁を越え子どもたちが日本社会に適応していくため、また多様な人々が共に生きる社会のために、心のバリアをいかに取り除いていくかという課題が残っているのではないでしょうか。

 キーワード

文化的アイデンティティ：「自分がある文化に所属しているという感覚・意識」「文化的帰属感」を意味します。多文化環境で成長する子どもにとって、文化的アイデンティティ形成は重要な課題であり、「自分についての総合的・統合的な意識」であるアイデンティティの形成と深く関わっていると考えられています。

● 引用・参考文献

荒牧重人・榎井縁・江原裕美・小島祥美・志水宏吉・南野奈津子・宮島喬・山野良一．
（2017）．外国人の子ども白書——権利・貧困・教育・文化・国籍と共生の視点から．明石書店．

江原裕美（編著）．（2011）．国際移動と教育——東アジアと欧米諸国の国際移民をめぐる現状と課題．明石書店．

宮島喬．（2014）．外国人の子どもの教育——就学の現状と教育を受ける権利．東京大学出版会．

文部科学省．（2019a）．外国人児童生徒受入れの手引き 改訂版．明石書店．

文部科学省．（2019b）．「日本語指導が必要な外国人児童生徒の受入状況等に関する調査（平成30年度）」の結果について．https://www.mext.go.jp/content/1421569_002.pdf（2020年5月20日）

佐久間孝正．（2015）．多国籍化する日本の学校——教育グローバル化の衝撃．勁草書房．

（ エピソード・スタディ ）

プロフィール ファビオ（10歳）、小学校5年生、男子。5歳のときに母親と一緒に来日した日系ブラジル人3世。両親は地元の工場で働いてい

た。地域の公立の保育園を経て小学校に入学した彼は、家庭では母語であるポルトガル語を、自宅から一歩外へ出れば日本語を使っている。

子どもが抱える困難・課題　通っている小学校では日本語の支援や特別な学習サポートはありません。日本語の会話はある程度できましたが、勉強で使う日本語は読み書きが難しくて、だんだん周りの友だちから後れをとるようになりました。高学年になると授業を聞いても大半が理解できなくなり、学校から足が遠のき始めました。次第に生活の中で日本語を使う時間が減り、日常会話の日本語もスムーズにいかないことが増え、ますます学校に行きづらくなりました。家庭の中で母親との会話に使っているポルトガル語は話せますが、母国の同年代の子どもたちには遠く及ばず、読み書きはほとんどできません。日本語の力も母語の力も年齢相応に育っていない状態に陥ると、抽象度の高い思考や会話がどちらの言葉でもできず、自分を表現することが困難になってしまうこともあります。

解説　学校の担任がファビオの問題に気づき、地域のスクールソーシャルワーカーに相談をもちかけました。それから、近隣大学に学習支援のボランティアを依頼しました。近隣大学の教員や学生らは、学習支援と居場所づくりのため、子ども本人や保護者、そして地域の支援者らと協議を重ね、放課後教室を開くことになりました。地域の社会福祉協議会の空室を提供してもらい、週に2回程度集まり、3〜4人程度の小学生の放課後学習支援を行いました。ファビオは宿題を終わらせることで自信がついたのか学校にも通えるようになり、少しずつではあるけれど普通の生活に戻りつつあります。ここで、今後、ファビオが学校や教室内の居場所をつくるためにはどのような工夫が必要か考えてみましょう。

第11章

貧困や虐待の影響下にある子どもの理解と支援

高石 啓人

1. 貧困や虐待の影響下にある子どもの諸課題

1 貧困下にある子どもの現状

　子ども期における貧困は、子どもにさまざまな影響を与えます。お金がなくても幸せならいいのではないか、と思われるかもしれません。しかし、貧困という状況は経済的な厳しさ以外にも、さまざまな困難を与えることが研究でわかってきています。それではまず、子どもを取り巻く貧困の現状について確認し、それらが子どもに与える影響について見ていきましょう。

　日本には就学援助という制度があります。簡単にいうと、経済的に厳しい家庭に、学校で必要な費用を市町村が補助をする制度です。補助の対象は学用品費や給食費用などです。全国で143万人ほどがこの制度を利用しており、児童生徒総数の約15％を占めます（文部科学省, 2019）。

　他にも貧困の状況を理解する方法として相対的貧困があります。相対的貧困にある家庭とは、簡単にいうと平均的な所得以下の家庭のことです。[注1]子どものいる家庭の相対的貧困率は14.6％です。単純に計算すると、1クラス40人とし、平均して大体5〜6人が貧困家庭の子どもということになります。この相対的貧困率を諸外国と比較すると、OECD（経済協力開発機構）加盟国34ヶ国中、10番目の高さとなっています。さらに、ひとり親家庭に絞ると、相対的貧困率は50.8％にもなっており、OECD加盟国中で最も高い数値となっています（内閣府, 2014）。

　貧困状態が与える影響はさまざまです。阿部（2008）によれば、貧困家庭では虐待が起きやすく、非行にもはしりやすいとされています。他にも健康面や学校生活での居心地の悪さなど、さまざまな点が指摘されています。阿部が特に強調しているのは、これらの困難が蓄積され、子どもの将来にわたって影響し続けることです。さらに、貧困家庭の子どもは大人になっても貧困であり、

その子どもも貧困である「世代間連鎖」が指摘されています。その原因は、学歴や職業などが親と子どもの間で受け継がれる傾向があるからです。つまり、大卒者の親の子どもは大卒者である可能性が高く、中卒者の親の子どもは中卒者である可能性が高いということです。

　また、こうした貧困家庭で育った子どもは、友人関係においても困難を抱えています。例えば、英国でのインタビュー調査では、お金がないため友だちに会いに行けないというインタビューが紹介されています。これは、バス代が払えないことや、両親が車をもっていないからです。他にも、服装にお金をかけられないことで仲間から浮いてしまうことや、遠足に参加できないなど、さまざまな面における不利な状況が報告されています（Ridge, 2002　渡辺監訳, 2010）。

　以上のような状況は一部にすぎませんが、貧困が子どもに与える影響の重大さを感じたのではないでしょうか。貧困状態というのは単純に経済的に厳しいだけでなく、そこから生じる困難が多くあります。それらによって、学校生活を送ることが難しくなり、将来の生活も厳しくなることが予想されます。前述のように、貧困家庭では虐待が起きやすいことも指摘されています。次に、児童虐待について詳しく見ていきたいと思います。

② 虐待下にある子どもの現状

　厚生労働省（2019）によれば、児童虐待対応件数は15万850件（速報値）と過去最高を記録しています。これは、平成2年度から増え続けており、減少傾向がほとんど見られません。また、この児童虐待対応件数は正確な現状を反映しているとは言い難い部分があります。なぜかというと、これはあくまでも児童相談所が対応した件数であり、対応しなかった件数は含まれていません。例えば、虐待が発生しても児童相談所に通報されない場合や、通報されても児童相談所が虐待ではないと判断し対応しなかった場合は、この件数には含まれません。実際にはこの件数以上の虐待が発生していると考えられます。現在、少子化が進み子どもの数が減少している中で、虐待件数が増え続けていることは大変深刻な問題だといえます。

　虐待の種類は身体的虐待、性的虐待、ネグレクト、心理的虐待に分類されて

います。厚生労働省（2007）によれば、身体的虐待とは、殴る、蹴る、激しく揺さぶるなどの行為を指します。性的虐待とは、子どもへの性交や性器・性交を見せる、ポルノグラフィーの被写体にすることなどを指します。ネグレクトとは、育児をしない、放置することを指し、例えば病気になっても病院に連れて行かない、食事を与えないことなどを指します。心理的虐待は、子どもを傷つけることを繰り返し言う、他の兄弟とは著しく差別的な扱いをすることなどを指します。なお、ここでも注意が必要なのは、高齢者虐待では統計が取られている経済的虐待が項目として存在していないことです。仁藤（2014）で指摘されているように、児童においても経済的虐待は発生しています。今後、この点も検討していく必要があるでしょう。

　子どもは虐待によってさまざまな影響を受けます。例えば、身体的虐待によって、重度の身体的な機能障害になることや専門の治療が必要になることが指摘されています（Rutter & Taylor, 2002　長尾・宮本監訳, 2007, p. 389）。

　虐待は子どもの心理面にも重大な影響を及ぼします。西澤（2010）によると、トラウマによるPTSD（外傷後ストレス障害）が見られます。PTSDの具体的な症状として、「過覚醒症状群」があります。これは、危険な体験への反応として、神経過敏な状態が続くことを指します。具体例を挙げると、身体的虐待を受けている子どもは、他人が近くに寄ってきたり、触れようとするとビクッと体を縮こまらせたりすることがあります。これは、普段から身体的虐待を受けているため、そうでないときも体が反応してしまうことによると考えられます。

　虐待は人間関係にも、多大な影響を及ぼします。その一つが、虐待的人間関係の再現です。例えば、虐待を受けた子どもは、児童相談所に保護され、児童養護施設か里親家庭等で生活することになります。虐待がトラウマになっていると、職員に対して無意識のうちに挑発的な対応をとり、暴力を引き出してしまうことがあります。性的虐待の場合でも、無意識のうちに性的に挑発的な行動をとり、さらなる被害を呼んでしまうこともあります。これらはトラウマの再現性と呼ばれています。この再現性は、本来精神的な対処機能であると考えられています。例えば、嫌な出来事があったとします。そうしたときに、多くの人はそれらに対処しようとし、ストレス発散を試みます。友だちに愚痴を言

うなどは誰でも経験があるのではないでしょうか。再現性は本来であれば通常の行動ですが、虐待においても再現してしまうということです。こうした行動により、人間関係において困難を抱えることが考えられています。

他にも、人間関係に抱える困難として、アタッチメントの障害「反応性愛着障害」があります。アタッチメントとは、簡単にいうと、不安や恐怖など嫌なことがあったとき、そこから回復するために養育者に接近することです。例えば、幼児が遊んでいてどこかにぶつけてしまい、泣きだしたとしましょう。その際に、泣きながら母親に駆け寄っていく行動が見られると思います。こうした行動をアタッチメント行動と呼びます。

虐待を受けた子どもは、アタッチメント行動が一定しないことが報告されています。本来であれば、親は子どもにとって安心できる存在です。しかし、虐待を受けている子どもにとっての親は恐怖の存在だと考えられます。それゆえ、アタッチメント行動が一定しないと考えられています。こうした障害は反応性愛着障害と呼ばれています。具体的には、多くの人にベタベタしようとする行動や、恐怖体験や嫌なことが起こってもアタッチメント行動を起こそうとしない傾向が見られます。

また、虐待は親子間で連鎖するといわれています。虐待を親から受けた人は自分の子どもにも虐待をしてしまい、その子どもが親になったときにまた、自分の子どもに虐待をしてしまう、ということです。その理由の一つとして、自身が受けた暴力体験を肯定化するということがあるといわれています。ここまで述べてきたように、虐待行為というのは、子どもに重大な影響を与えます。そうした経験を自身で客観的に受け止めることは大変つらいことです。そこで、「親が私を殴るのは私を愛しているためだ。しつけのためだ」という説明を自分で生み出します。そして、その考えを信じることで、虐待に対処しようとします。そうした背景から、自分の子どもにも暴力をふるい、虐待行為を行ってしまうのです。

 キーワード

貧困・虐待と障害の関係：今まで見てきたように、貧困と虐待は関係が深いことがわかっています。それでは障害と、貧困や虐待との関係

はどうでしょうか。虐待の影響で発達障害のような様子が見られることも指摘されています（宮本, 2007）。ただし、虐待の結果、障害が生じたのか、もともと障害があって、虐待によりそれが重度化したのかはわからないこともあります。貧困に関しても同じことがいえます。貧困家庭にいて、正常な発達が進まずに、障害と同じ症状が見られるのか、もともと障害があったのかは判断が難しいときがあります。

2. 貧困や虐待の影響下にある子どもの教育・支援方法

① 制度的な支援

　貧困や虐待に対してどのような対応策がとられているのかを見ていきたいと思います。大きく制度面・実践面に分けて説明していきます。制度面において大きな役割を果たしているのが「子どもの貧困対策の推進に関する法律」です。これは平成25（2013）年に可決され、令和元（2019）年の6月に改正されました。ここで大きな変化があったのは、子どもの権利条約（コラム⑦参照）の理念が反映されたことです。これを受け「子供の貧困対策に関する大綱」も作成・変更されています（内閣府, 2019）。この大綱では、学校を地域に開かれたプラットフォームと位置づけ、スクールソーシャルワーカー（SSWr、キーワード参照）が機能する体制づくりを進め、NPOや放課後児童クラブと連携して支援にあたることが示されています。また、貧困予防の観点から、高校中退の防止や教育費負担軽減なども示されています。

　虐待に関しては、「児童虐待の防止等に関する法律」があります。本法律では、児童虐待の早期発見、保護の必要性や支援・予防といったことについて述べられています。第5条では、学校の教職員など、子どもに関わりある仕事をしている者は、虐待を発見しやすい立場にあることを自覚し、早期発見に努めなければならない、とされています（厚生労働省, 2000）。本法律は制定から20年経過しましたが、前述のように、児童虐待は一向に減る気配がありません。

　そのため、令和元（2019）年に「児童虐待防止対策の強化を図るための児童福祉法等の一部を改正する法律」が可決されました。ここでは、児童の権利を

擁護するためにさまざまな法律の改正を目指すことが明記されました。例えば、「しつけのためには多少暴力をふるうのはしょうがない」という意識が根強く残っており、この考え方の背景に、民法で懲戒権が親に認められていることがあると考えられています。そこで、懲戒権規定の見直しも必要に応じて議論されることになりました[注2]。他にも、子どもの権利条約の影響なのか、子どもの最善の利益の確保や意見表明権の確保のために検討を加えることなどが示されています（内閣府・厚生労働省, 2019）。

　また、学校現場では「チーム学校」の考え方が示されています。チーム学校とは、子どもと接する際に、教員一人で対応するのではなく、スクールカウンセラーやSSWrなどと連携してチームで対応するという考え方です。日本の学校では、教員という一つの職種がかなり多くの仕事を担ってきました。例えば、授業以外にも、部活動の顧問、不登校対応のための家庭訪問などです。「チーム学校」では、これらを各専門家で分担し、部活動の顧問を外部の専門家等に委託したり、不登校の子どもへはSSWrが対応したり、というチーム体制を構築することを行います（中央教育審議会, 2015）。

② 実践的な支援

　ここから実践的な支援について述べたいと思います。前述のように、日本の教員というのは、多様な課題に対応してきました。分野でいえば、同和教育や生徒指導などがこれにあたります。近年では、こうした問題への対応としてさまざまな支援があります。貧困対応に関しては、福祉事務所があります。福祉事務所の職員は、生活保護の認定や受給に関わる仕事をしており、教員が福祉事務所にお金のことで相談する場合があります。例えば、貧困家庭の子どもが私立高校に進学可能かどうかを相談することなどが考えられます。

　民間では、フードバンクや子ども食堂などが活動しています。フードバンクは、食べられるにもかかわらず印字ミスなどで流通させられない食品を、必要とする家庭に届ける組織のことをいいます。子ども食堂は、地域住民や自治体が無料や低価格で子どもたちに食事を提供する活動です。ただ、これらは経済的・人員的に困難を抱えていることも多く、活動が難しい状況にあります。

　また、学習支援としてNPOなどが無料で勉強を教えるところもあります。

同様の活動を学校で行い、朝食を提供しているところもあります。

　虐待対応に関しては、児童相談所が挙げられます。児童相談所は文字通り、児童に関する相談を行うところですが、子どもを一時保護できる機能があるため、虐待対応機関として、しばしば話題にのぼります。教員が学校現場等で児童虐待を感じ取ったら、児童相談所に通告・相談しなければなりません。心のケアには主に精神科医や心理士が対応します。

　現在では、こうした貧困や虐待問題に対応する職員としてSSWrが自治体に配置され始めています。SSWrは、学校と他機関をつなぐ役割や福祉的な助言を行います。

 キーワード

> **スクールソーシャルワーカー（SSWr）**：SSWr（School Social Worker：SSWとも表記）は、平成20（2008）年度に全国的に導入された、教育現場において活動する福祉職です。子どもの権利を守るため、さまざまな活動を行います。文部科学省はSSWrの役割に関して、問題を抱える児童生徒への働きかけや関係機関等とのネットワークの構築、連携・調整、学校内におけるチーム体制の構築、支援、保護者、教職員等に対する支援・相談、情報提供、教職員等への研修活動等を示しています（文部科学省, 2008）。

●引用・参考文献

阿部彩.（2008）. 子どもの貧困——日本の不公平を考える. 岩波書店. ※特に第1章を参照

中央教育審議会.（2015）. チームとしての学校の在り方と今後の改善方策について（答申）. https://www.mext.go.jp/b_menu/shingi/chukyo/chukyo0/toushin/__icsFiles/afieldfile/2016/02/05/1365657_00.pdf（2020年3月29日）

厚生労働省.（2000）. 児童虐待の防止等に関する法律. https://www.mhlw.go.jp/bunya/kodomo/dv22/01.html（2020年3月29日）

厚生労働省.（2007）. 子ども虐待対応の手引き　第1章 子ども虐待の援助に関する基本事項. https://www.mhlw.go.jp/bunya/kodomo/dv12/01.html（2020年3月29日）

厚生労働省.（2019）. 平成30年度 児童相談所での児童虐待相談対応件数〈速報値〉. https://www.mhlw.go.jp/content/11901000/000533886.pdf（2020年3月29日）

宮本信也．（2007）．発達障害と子ども虐待．里親と子ども，*2*, 19-25.

文部科学省．（2008）．スクールソーシャルワーカー活用事業．https://www.mext.go.jp/b_menu/shingi/chousa/shotou/046/shiryo/attach/1376332.htm（2020 年 3 月 29 日）

文部科学省．（2019）．就学援助実施状況等調査結果．https://www.mext.go.jp/component/a_menu/education/detail/__icsFiles/afieldfile/2019/03/28/1362483_16_1.pdf（2020 年 3 月 23 日）

内閣府．（2014）．平成 26 年版 子ども・若者白書 第 3 章第 3 節 子どもの貧困．https://www8.cao.go.jp/youth/whitepaper/h26honpen/pdf/b1_03_03.pdf（2020 年 3 月 29 日）

内閣府．（2019）．子供の貧困対策に関する大綱～日本の将来を担う子供たちを誰一人取り残すことがない社会に向けて～．https://www8.cao.go.jp/kodomonohinkon/pdf/r01-taikou.pdf（2020 年 3 月 29 日）

内閣府・厚生労働省．（2019）．児童虐待防止対策の強化を図るための児童福祉法等の一部を改正する法律の公布について．https://www.mhlw.go.jp/content/01kaisei_tsuuchi.pdf（2020 年 3 月 29 日）

西澤哲．（2010）．子ども虐待．講談社．※特に第 5 章、第 6 章を参照

仁藤夢乃．（2014）．女子高生の裏社会――「関係性の貧困」に生きる少女たち．光文社．※特に第 2 章を参照

Ridge, T. (2002). *Childhood poverty and social exclusion: From a child's perspective*. Bristol: Policy Press.（リッジ，T.（著），渡辺雅男（監訳）．（2010）．子どもの貧困と社会的排除．桜井書店）　※特に第 3 章、第 4 章を参照

Rutter, M., & Taylor, E. (2002). *Child and adolescent psychiatry* (4th ed.). Hoboken: Wiley-Blackwell.（ラター，M.，& テイラー，E.（編），長尾圭造・宮本信也（監訳）．（2007）．児童青年精神医学．明石書店）

（ エピソード・スタディ ）

プロフィール　　ヨシキ、中学 3 年生、男子。

子どもが抱える困難・課題　　ヨシキは、学校で問題児として有名です。遅刻・欠席は多く、成績不良です。先生への態度も暴力的・反抗的であり、地域で他校の生徒とも暴力事件を起こしていました。そうした事件が起こるたびに、先生たちは注意するのですが、それほど効果は上がっていません。両親にも、あまり連絡がつきません。連絡がついても、「家でよく言い聞かせます」と言うだけで、改善の気配はありません。あなたは

彼の担任であり、進路について面談することになりました。彼の成績では、進学可能な高校はほとんどありません。彼の希望を聞いてみましたが、「どうでもいい。就職する」と投げやりな態度です。話が進まないので、遅刻・欠席が多い理由を聞いてみました。すると、両親がほとんど家に帰ってこず、ご飯も食べられておらず、生活リズムがめちゃくちゃであることがわかりました。さらに話を聞いてみると、両親の仲は悪く、家にいるときの多くは暴力を伴う喧嘩をしているようです。両親の機嫌が悪いときは、ヨシキにも暴力がふるわれていることがわかりました。また経済的にも厳しく、両親がいないときはお金が家に置いてあるそうですが、ご飯を買うことも難しい金額のようです。さて、あなたはどう対応していきますか？

解説　今まで述べてきたように、貧困や虐待は子どもにさまざまな影響を及ぼします。彼の問題行動の多くは、本人に原因があるのではなく、家庭の影響が大きいことが読み取れると思います。例えば、遅刻・欠席が多いのは、家庭の状況に原因がありそうだと考えられるでしょう。暴力事件が多かったことも、親による虐待の影響だとも考えられます。このように、表面的に子どもを理解するのではなく、背景にある問題まで含めて考え、支援していく必要があります。

(注1) 相対的貧困率とは、一定基準（貧困線）を下回る等価可処分所得しか得ていない者の割合をいいます。なお、貧困線とは、等価可処分所得の中央値の半分の額を指します（厚生労働省, 2015）。

　厚生労働省.（2015）. 相対的貧困率等に関する調査分析結果について. https://www.mhlw.go.jp/seisakunitsuite/soshiki/toukei/dl/tp151218-01_1.pdf（2023年2月28日）

(注2) 2022年12月の民法改正により懲戒権は削除されました（法務省, 2023）。

　法務省.（2023）. 民法等の一部を改正する法律について. https://www.moj.go.jp/MINJI/minji07_00315.html（2023年2月28日）

子どもの権利条約

高石 啓人

1. 子どもの権利条約の成り立ち

　子どもの権利条約（Convention on the Rights of the Child）は、子どもの権利を保障しようとする世界共通の条約です。その起源は、国際連盟の子どもの権利宣言、国際連合の子どもの権利宣言に見られます。子どもの権利条約は、平成元（1989）年に国際連合（以下、国連）で全会一致により採択され、締約国数194ヶ国という、人権条約上最大規模の条約です。なお、世界で批准していないのは、米国のみとなっています。

　この条約ができた理由は、世界的に見られる子どもの厳しい状況があったからです。直接の契機になったのは、第二次世界大戦です。戦争では多くの人が亡くなりましたが、とりわけ社会的に立場の弱い子どもや障害のある人たちは悲惨でした。特にポーランドでは、2度の大戦で多くの子どもが亡くなりました。ポーランドは子どもの権利を尊重してきた伝統もあり、子どもの権利条約を制定する際に、中心的な役割を担いました（荒牧, 2009）。

2. 子どもの権利条約の基本的な考え方

　子どもの権利条約は子どものさまざまな権利を保障していますが、あらゆる差別の禁止（第2条）、子どもの最善の利益の確保（第3条）、生命・生存・発達への権利（第6条）、子どもの意見の尊重（第12条）を一般原則として位置づけています。特に重要といえるのが、子どもの最善の利益の確保です。この権利は、簡単にいえば、子どもにとって一番よいことを保障しようという内容です。大人が子どもにとってのよいことを考えて決めるのではなく、子ども自身の意思と決定が重要だと考えられています。

　しかしながら、子どもは親からの援助や保護が必要なため、子どもにとってよいと考えられる援助や保護が、大人の発想・視点で行われてきた歴史があり

ます。子どもの最善の利益の保障のために、子どもの意見の尊重（第12条）が大切になってきます。国連や国連児童基金（ユニセフ）もこの第12条から子どもの参加の権利を導き出しており、自己決定権として考えられています。このように、子どもの権利条約は、従来の子どもに対する考え方と大きく異なっている特徴があります。

3. 子どもの権利条約を「意味ある」ものにするために

筆者は大学で子どもの権利に関する授業をしていますが、学生からよく「子どもの権利条約って意味あるんですか？」という質問を受けます。その意味は、条約の存在を知っているが、実効性に乏しく、あまり意味がないのではないかということです。確かに条約などの理念があっても、実際に影響力がなければ、理念だけで終わってしまう可能性が高いでしょう。例えば、国際条約において「子どもを大切にしましょう」という理念があります。しかし実際の拘束力がなければ、実施状況は各国に委ねられてしまいます。現に、戦前から子どもの権利に関する宣言等がありましたが、世界大戦で子どもたちは大変厳しい状況になってしまいました。

そのため、子どもの権利条約には定期報告制度というものがあります。各国は、子どもの権利条約の実施状況を国連に報告しなければいけません。そして各国は、国連から取り組み状況について勧告を受けます。その後、各国はこの勧告に対して、改善に向けて取り組まなければいけない仕組みになっています。

また、国際法というのは、一般的には憲法より下位に位置するものの、国内法よりは優位の法的拘束力をもっています。この点からも、子どもの権利条約は各締約国において検討されなければいけません（荒牧, 2009）。

国連からの勧告内容はさまざまです。例えば、日本は障害に関する勧告を受けています。一番新しい勧告では、人権を基盤とするアプローチをとり、インクルージョンを進めるようにいわれています。具体的には、データ収集や障害に関する診断システムの充実、インクルーシブ教育の発展及び専門教員、専門家（ソーシャルワーカー、医療スタッフ等も含む）の育成、障害のある人への

スティグマについての対応などが指摘されています（子どもの権利条約NGO
レポート連絡会議, 2020, pp. 47-48）。

●引用・参考文献

荒牧重人．(2009)．子どもの権利条約の成立・内容・実施．喜多明人・森田明美・広沢
　明・荒牧重人（編），逐条解説 子どもの権利条約（pp. 3-17）．日本評論社．
子どもの権利条約 NGO レポート連絡会議（編）．(2020)．子どもの権利条約から見た日
　本の課題——国連・子どもの権利委員会による第4回・第5回日本報告審査と総括所見．
　アドバンテージサーバー．

第**5**部

特別支援教育に関する
教育課程と方法

第12章

教育課程

坂本 征之

1. 特別の教育課程

① 特別支援教育の考え方

特別支援教育の考え方と方針については、学校教育法に以下のように規定されています。

> 第81条　幼稚園、小学校、中学校、義務教育学校、高等学校及び中等教育学校においては、次項各号のいずれかに該当する幼児、児童及び生徒その他教育上特別の支援を必要とする幼児、児童及び生徒に対し、文部科学大臣の定めるところにより、障害による学習上又は生活上の困難を克服するための教育を行うものとする。

この規定は、平成18年の改正により新たに設けられ、特別支援教育の考え方、方針を示したもので、特別支援教育を推進するうえで重要です。

② 教育課程編成の原則

教育課程編成の原則について、小学校及び中学校学習指導要領第1章第1の1に示されています。

> 1　各学校においては、教育基本法及び学校教育法その他の法令並びにこの章以下に示すところに従い、児童（生徒）の人間として調和のとれた育成を目指し、児童（生徒）の心身の発達の段階や特性及び学校や地域の実態を十分考慮して、適切な教育課程を編成するものとし、これらに掲げる目標を達成するよう教育を行うものとする。

教育課程とは、学校教育の目的や目標を達成するために、教育の内容を児童生徒の心身の発達に応じ、授業時数との関連において総合的に組織した学校の教育計画であり、その編成主体は各学校です。各学校には、学習指導要領等を受け止めつつ、児童生徒の姿や地域の実情等を踏まえて、各学校が設定する教育目標を実現するために、学習指導要領等に基づきどのような教育課程を編成し、どのようにそれを実施・評価し改善していくのかという「カリキュラム・マネジメント」の確立が求められています。

教育課程の編成にあたっては、学校の運営組織を活かして、校長を中心としてすべての教職員が参画し、共通理解を図りながら、創意工夫を加え、学校の特色を活かした教育課程の編成に向けて、学校の主体性を発揮することが必要です。

なお、「この章以下に示すところ」とは学習指導要領を指しています。学習指導要領は、学校教育において一定の水準を確保するために法令に基づいて国が定めた教育課程の基準であり、各学校の教育課程の編成及び実施にあたって従うべきものです。児童生徒の学習状況などその実態等に応じて必要がある場合には、各学校の判断により、学習指導要領に示していない内容を加えて指導することも可能としています。

③ 特別の教育課程の編成

特別な配慮を要する児童生徒の実態に配慮した教育を実施するための教育課程については、以下のものが挙げられます。

・特別支援学級における特別の教育課程の編成（学校教育法施行規則第138条）
・障害のある児童生徒に対する特別の指導（学校教育法施行規則第140条等）
・療養等による長期欠席生徒等を対象とした特別の教育課程の編成（学校教育法施行規則第86条）
・日本語の習得に困難のある児童生徒に対する特別の指導（学校教育法施行規則第56条の2、第79条、第108条第1項及び第132条の3関係）
・不登校児童生徒等に対する特別の教育課程の編成（学校教育法施行規則第56条及び第86条等）

・学齢を超過した者に対する特別の教育課程の編成（学校教育法施行規則第56条の4及び第132条の5等）

　このことからも、特別な配慮を要する児童生徒の実態が多様化していることがわかります。本章では、「通級による指導」及び「特別支援学級」について取り上げます。

2. 通級による指導

１ 通級による指導とは

　「通級による指導」は、通常の学級に在籍している児童生徒のうち、障害の特性に応じた支援が必要な児童生徒について、大部分の授業を在籍している通常の学級で受けながら、特別の教育課程としてのその授業に加えて、あるいは一部の授業に替えるかたちで、障害による学習面や生活面の困難を克服するために受けることができるものです。通級による指導には、児童生徒が在籍する学校で指導を受ける「自校通級」、他校に設置された通級指導教室に通う「他校通級」、通級指導担当教員が対象の児童生徒が在籍する学校を訪問して指導を行う「訪問指導」の3種類があります。

　小・中学校等における通級による指導は平成5年に制度化され、通級による指導を受ける児童生徒は年々増加しています。また、平成30年度より、高等学校においても制度化されました。共生社会の実現に向けたインクルーシブ教育システムの推進・充実に向けて、「通級による指導」は通常の学級においてもその指導の効果が期待されています。

２ 通級による指導の法的根拠

　通級による指導については、学校教育法施行規則第140条及び第141条に規定されています。第140条には「特別の教育課程」が編成できることと、通級による指導の対象となる障害種が規定されています。対象となる障害種は、言語障害、自閉症、情緒障害、弱視、難聴、学習障害、注意欠陥多動性障害、その他の障害です。「その他の障害」とは、肢体不自由、病弱及び身体虚弱のことです。また、第141条では、「特別の教育課程」による場合は、他校で指導

を受けた場合、在籍する学校における教育課程に係る授業と「みなす」ことができると規定しています。

③ 通級による指導における教育課程編成と指導内容

　通級による指導の教育課程編成については、小学校及び中学校学習指導要領に以下のように示されています。

第1章第4の2の(1)のウ
ウ　障害のある児童（生徒）に対して、通級による指導を行い、特別の教育課程を編成する場合には、特別支援学校小学部・中学部学習指導要領第7章に示す自立活動の内容を参考とし、具体的な目標や内容を定め、指導を行うものとする。その際、効果的な指導が行われるよう、各教科等と通級による指導との関連を図るなど、教師間の連携に努めるものとする。

　「自立活動の内容を参考」にして指導を行うことについては、今回の学習指導要領の改訂において、新たに加わった規定です。したがって、指導にあたっては、特別支援学校小学部・中学部学習指導要領第7章に示す自立活動の6区分27項目の内容を参考として、児童生徒一人一人に、障害の状態等の的確な把握に基づいた自立活動における個別の指導計画を作成し、具体的な指導目標や指導内容を定め、それに基づいた指導を展開する必要があります。

　また、「学校教育法施行規則第140条の規定による特別の教育課程について定める件の一部を改正する告示」（平成28年文部科学省告示第176号）において、「特に必要があるときは、障害の状態に応じて各教科等の内容を取り扱いながら行うことができる」と規定されています。障害による学習上または生活上の困難を改善・克服することを目的とする指導とは異なる目的で、単に各教科・科目の学習の遅れを取り戻すための指導にならないように留意することが必要です。

　通級による指導の効果が、通常の学級においても波及することを目指していくことが重要です。そのためには、通級による指導の担当教員と通常の学級の

担任とが定期的に情報交換を行い、連携を密に教育課程の編成、実施、評価及び改善を図っていく必要があります。

3. 特別支援学級

① 特別支援学級の法的根拠

特別支援学級の設置と対象となる障害種については、学校教育法第81条第2項に規定されています。対象となる障害種は、知的障害、肢体不自由、身体虚弱、弱視、難聴、その他の障害です。「その他の障害」とは、言語障害及び自閉症・情緒障害のことです。

また、同第3項では、疾病により長期療養中の児童生徒に対し、特別支援学級（病院内学級等）を設置したり、教員を病院や家庭等に派遣したりして教育ができることが規定されています。

特別支援学級における特別の教育課程の編成については、学校教育法施行規則第138条に規定されています。この規定は、対象となる児童生徒の障害の種類や程度等によっては、障害のない児童生徒に対する教育課程をそのまま適用することが必ずしも適当ではない場合があることから設けられています。

なお、高等学校においては、学校教育法第81条で特別支援学級を設置することができると規定されていますが、学校教育法施行規則第138条の特別の教育課程を編成できる対象校種とはなっていないことに留意する必要があります。

② 特別支援学級における教育課程編成

(1) 特別支援学級の教育課程編成の基本的な考え方

特別支援学級の教育課程編成については、小学校及び中学校学習指導要領に以下のように示されています。

> 第1章第4の2の(1)のイ
> イ　特別支援学級において実施する特別の教育課程については、次のとおり編成するものとする。

(ア) 障害による学習上又は生活上の困難を克服し自立を図るため、特別支援学校小学部・中学部学習指導要領第7章に示す自立活動を取り入れること。

(イ) 児童（生徒）の障害の程度や学級の実態等を考慮の上、各教科の目標や内容を下学年の教科の目標や内容に替えたり、各教科を、知的障害者である児童（生徒）に対する教育を行う特別支援学校の各教科に替えたりするなどして、実態に応じた教育課程を編成すること。

特別支援学級は、学校教育法第81条第2項に規定されている小学校及び中学校等の学級の一つであり、学校教育法に定める小学校及び中学校等の目的及び目標を達成するものでなければなりません。ただし、児童生徒の障害の状態等によっては、通常の学級の教育課程をそのまま適用することが難しい場合があることから、前掲した学校教育法施行規則第138条で示しているように「特別の教育課程」を編成することができるようになっています。

(2) 特別支援学級の教育課程編成上の留意点

①自立活動を取り入れること

特別支援学級において実施する特別の教育課程については、特別支援学校小学部・中学部学習指導要領第7章に示す自立活動を取り入れることを規定しています。自立活動の内容は、「健康の保持」「心理的な安定」「人間関係の形成」「環境の把握」「身体の動き」「コミュニケーション」の6区分の下に27項目を設けています。自立活動の内容は、各教科等のようにそのすべてを取り扱うものではなく、個々の児童生徒の障害の状態等の的確な把握に基づいて、障害による学習上または生活上の困難を主体的に改善・克服するために必要な項目を選定して取り扱います。よって、児童生徒一人一人に個別の指導計画を作成し、それに基づいて指導を展開する必要があります。

②障害の程度や学級の実態等を考慮すること

学級の実態や児童生徒の障害の状態等を考慮し、特別支援学校小学部・中学部学習指導要領第1章第8節「重複障害者等に関する教育課程の取扱い」を参考にし、各教科の目標や内容を下学年の教科の目標に替えたり、各教科を、知

的障害者である児童生徒に対する教育を行う特別支援学校の各教科（以下、知的障害教育の各教科）に替えたりするなどして、実態に応じた教育課程を編成することを規定しています。「重複障害者等に関する教育課程の取扱い」の規定を適用する際には、自立活動を取り扱うことが前提となっています。児童生徒一人一人の障害の状態等を考慮しながら、教育課程の編成について検討を行う際には、この規定を理解しておく必要があります。

(3) 特別の教育課程の編成の手順

①学級の児童生徒の実態把握

・学級に在籍している児童生徒一人一人の障害の状態（障害の状態、発達や経験の程度、興味・関心、生活や学習環境など）を的確に把握します。

・小学校及び中学校学習指導要領の第2章各教科に示されている目標及び内容について、児童生徒の習得状況や既習事項を確認します。

②「特別の教育課程」の検討：知的障害のある児童生徒の実態に応じた各教科の目標を設定するための手続きの例

・当該学年の各教科の学習が困難または不可能な場合は、当該学年より下学年の各教科の目標及び内容、特別支援学校小学部・中学部学習指導要領に示されている知的障害教育の各教科の目標及び内容に替えることを検討します。

・児童生徒の取得状況や既習事項を踏まえて、小学校または中学校卒業までに育成を目指す資質・能力を検討し、在学期間に提供すべき教育内容を十分に見極めます。

・各教科の目標及び内容の系統性を踏まえて、教育課程を編成します。

(4) 重複障害者等に関する教育課程の取扱い：特別支援学校小学部・中学部学習指導要領第1章第8節

①知的障害者である児童生徒の場合（第1章第8節の2）

　第8節の2には、児童生徒の知的障害の状態等が多様であることから、小学部の3段階及び中学部の2段階に示す各教科等の内容をすでに習得し目標を達成している場合には、小学校及び中学校学習指導要領の各教科の目標及び内容

を取り入れることができることが示されています。

②知的障害を併せ有する児童生徒の場合（第1章第8節の3）

　第8節の3には、学校教育法施行令第22条の3において規定している程度の障害を複数併せ有する児童生徒（以下、重複障害者）の教育課程の編成について規定しています。この規定では、重複障害者である児童生徒について、各教科の目標及び内容に関する事項の一部または全部を、当該各教科に相当する知的障害教育の各教科の目標及び内容に替えることができることを示しています。この規定を適用する場合、各教科、道徳科、特別活動、自立活動及び小学部においては外国語活動の一部または全部を合わせて指導を行うことができます。知的障害のある児童生徒の学習上の特性として、学校での生活を基盤として、学習や生活の流れに即して学んでいくことが効果的であるため、従前から「日常生活の指導」「遊びの指導」「生活単元学習」「作業学習」などとして実践されてきました。各教科等を合わせた指導を行う場合においても、各教科等の目標を達成していくことになり、育成を目指す資質・能力を明確にして指導計画を立てることが重要になります。

●引用・参考文献
文部科学省．（2017）．小学校・中学校・特別支援学校学習指導要領及び解説．

藤川 雅人

1. 個別の教育支援計画・個別の指導計画

1 個別の教育支援計画

　平成14（2002）年に策定された「障害者基本計画」において、「障害のある子どもの発達段階に応じて、関係機関が適切な役割分担の下に、一人一人のニーズに対応して適切な支援を行う計画（個別の支援計画）を策定して効果的な支援を行う」と示されました。これを根拠とし、平成29（2017）年に告示された「小学校学習指導要領解説総則編」において、「個別の支援計画のうち、幼児児童生徒に対して、教育機関が中心となって作成するものを、個別の教育支援計画という」と定義されています。

　特別な教育的ニーズのある子どもは、学校生活だけでなく家庭生活や地域生活などにおいて、幼児期から学校卒業後まで一貫した支援をすることが重要です。そのため、個別の教育支援計画は、教育機関のみならず、家庭や医療、保健、福祉、労働等の関係機関と情報を共有化し、長期的な視点で教育的支援を行うために不可欠なものとなっています。

　個別の教育支援計画の活用については、在学中の支援の目的や内容を進学先に確実に引き継ぎ、切れ目のない支援をすることが重要です。ただし、個別の教育支援計画には、多くの関係機関が携わることから、保護者の同意を得るなど個人情報の取り扱いに留意する必要があります。

　また、平成24（2012）年の「共生社会の形成に向けたインクルーシブ教育システム構築のための特別支援教育の推進（報告）」では、合理的配慮を「個別の教育支援計画に明記することが望ましい」と示されています。なお、合理的配慮とは、同報告において、「障害のある子どもが、他の子どもと平等に『教育を受ける権利』を享有・行使することを確保するために、学校の設置者及び学校が必要かつ適当な変更・調整を行うことであり、障害のある子どもに

対し、その状況に応じて、学校教育を受ける場合に個別に必要とされるもの」と示されています。合理的配慮の具体的内容については、学校の設置者及び学校と本人及び保護者で可能な限り発達段階を考慮しつつ合意形成を図ったうえで、提供される必要があります。

個別の教育支援計画の様式については、自治体や学校によって異なりますが、多くの場合、本人や保護者の希望、医療や福祉等の関係機関の名称、担当者、支援内容等の項目が設定されているようです。

② 個別の指導計画

平成11（1999）年告示の「盲学校、聾学校及び養護学校小学部・中学部学習指導要領」の総則において、「重複障害者の指導に当たっては、個々の児童又は生徒の実態を的確に把握し、個別の指導計画を作成すること」とあります。

また、自立活動の指導計画の作成と内容の取り扱いでは、「自立活動の指導に当たっては、個々の児童又は生徒の障害の状態や発達段階等の的確な把握に基づき、指導の目標及び指導内容を明確にし、個別の指導計画を作成するものとする」と示されました。当初、個別の指導計画の作成は、重複障害者の指導と自立活動の指導において義務づけられていました。

個別の指導計画の定義について、平成29（2017）年告示の「小学校学習指導要領解説総則編」において、「個別の指導計画は、個々の児童の実態に応じて適切な指導を行うために学校で作成されるものである。個別の指導計画は、教育課程を具体化し、障害のある児童など一人一人の指導目標、指導内容及び指導方法を明確にして、きめ細やかに指導するために作成するものである」と示されています。個別の指導計画は、学校において使用することを目的に作成されるもので、個別の教育支援計画に記載された支援内容等を踏まえ、学校生活や各教科等の特質を考慮し、指導の目標や内容、手立て等を関係する教職員が協力して作成します。

③ 個別の教育支援計画と個別の指導計画の作成と活用の促進

これまで特別支援学校では、個別の教育支援計画と個別の指導計画を作成し

てきました。一方、小・中学校等については、平成29（2017）年告示の小学校、中学校学習指導要領、平成30（2018）年告示の高等学校学習指導要領の各総則において個別の教育支援計画と個別の指導計画の名称が記載され、「作成し活用することに努める」と示されました。加えて、特別支援学級に在籍する児童生徒と通級による指導を受ける児童生徒については、個別の教育支援計画と個別の指導計画の作成義務が示されました。

　個別の教育支援計画と個別の指導計画を作成する目的や活用方法には違いがありますので、位置づけや作成の手続きを整理しておくことが重要です。ただし、個別の教育支援計画と個別の指導計画は、作成することが目的ではなく、特別な教育的ニーズのある子どもへの指導や支援に関する関係機関や教職員との連携のためのツールですので、実施、評価、改善を繰り返し、指導や支援の実施状況について、定期的に見直しを行い、変更があった場合は、修正を行うことが必要です。

　また、指導の充実を図るために、保護者だけでなく、子ども本人の願いや思いを十分聞き取る等、個別の教育支援計画や個別の指導計画に本人の参画を図る視点が重要です。

2. 特別支援教育コーディネーター

　平成29（2017）年の文部科学省による「発達障害を含む障害のある幼児児童生徒に対する教育支援体制整備ガイドライン〜発達障害等の可能性の段階から、教育的ニーズに気付き、支え、つなぐために〜」では、特別支援教育コーディネーターを校務分掌として明確に位置づけ、学校内において組織的に機能することが重要であるとされています。また、特別支援教育コーディネーターの役割として、「校内委員会・校内研修の企画・運営、関係機関・学校との連絡・調整、保護者の相談窓口等」があるとし、特にポイントとなる「学校内の関係者や関係機関との連絡調整」「各学級担任への支援」「巡回相談員や専門家チームとの連携」「学校内の児童等の実態把握と情報収集の推進」の4点が示されています。以下、順に確認していきます。

（1）学校内の関係者や関係機関との連絡調整

　特別支援教育コーディネーターは、学校内の特別支援教育に関する委員会である校内委員会において、中心的役割として委員会の運営を担います。

　校内委員会は、学校内の特別支援教育体制を整備するために設置されていますが、同ガイドラインによれば、校内委員会による検討事項として以下の内容が示されています。

○児童等の障害による学習上又は生活上の困難の状態及び教育的ニーズの把握

○教育上特別の支援を必要とする児童等に対する支援内容の検討

○教育上特別の支援を必要とする児童等の状態や支援内容の評価

○障害による困難やそれに対する支援内容に関する判断を、専門家チームに求めるかどうかの検討

○特別支援教育に関する校内研修計画の企画・立案

○教育上特別の支援を必要とする児童等を早期に発見するための仕組み作り

○必要に応じて、教育上特別の支援を必要とする児童等の具体的な支援内容を検討するためのケース会議を開催

○その他、特別支援教育の体制整備に必要な役割

　以上のように内容が多岐にわたっています。校内委員会の構成員としては、特別支援教育コーディネーターのほか、管理職、子どもの学級担任、特別支援学級担任、通級担当教員、養護教諭等が想定されますが、特別支援教育コーディネーターは、これらの構成員と連携を図りながら校内委員会を運営していきます。また、特別支援教育コーディネーターは、必要に応じて、特別支援教育支援員、スクールカウンセラー、スクールソーシャルワーカー等の学校内の関係職員とも連携を図ることが必要です。

　加えて、子どもの実態把握や課題、具体的な支援内容等を検討するため、学級担任等関わりのある人たちでつくる少人数によるケース会議の計画や運営を担うのも特別支援教育コーディネーターの役割となります。なお、ケース会議を開催するかどうかは校内委員会の判断によります。

特別支援教育コーディネーターは、学校内の関係者だけではなく、特別支援学校やその他の教育、医療、保健、福祉、労働等の関係機関との連絡調整を行います。また、保護者から相談されることもありますので、相談窓口としての役割も担います。その際は、学級担任と連携を図りながら、対応することが重要です。

(2) 各学級担任への支援

学級担任や教科担任は指導に関する悩みを一人で抱え込むことが多いといわれていますが、組織的に対応することが重要であり、特別支援教育コーディネーターは、学級担任や教科担任からの相談役としても期待されています。学級担任や教科担任に対して、子どもの困難さの状況や行動の背景を説明することによって、指導の手掛かりとなり、悩みが解決する場合もありますが、相談の内容によっては、校内委員会の議題として取り上げる必要性を考慮に入れながら相談を受ける必要があります。

個別の教育支援計画や個別の指導計画を作成する場合、特別支援教育コーディネーターは学級担任に対して支援をします。個別の教育支援計画や個別の指導計画の作成は、学級担任が中心となりますが、関係機関との連絡調整を担うだけでなく、子どもの支援内容等を検討する校内委員会を運営することから、特別支援教育コーディネーターが大きく関与することとなります。

(3) 巡回相談員や専門家チームとの連携

子どもの指導や支援の充実を図るため、必要に応じて、巡回相談員や専門家チームを活用する場合があります。その際、特別支援教育コーディネーターは、巡回相談員や専門家チームとの連絡調整をする役割を担います。また、子どもの実態把握や支援内容の検討、個別の教育支援計画や個別の指導計画の見直しを図るため、巡回相談員や専門家チームに対して校内委員会への参加の依頼をすることもあります。実際の活用の流れは、巡回相談員や専門家チームを委嘱している各教育委員会で定められたマニュアルに沿って活用することとなります。なお、巡回相談員と専門家チームについて、同ガイドラインでは以下のように示されています。

巡回相談員：各学校を巡回し、教員に対して教育上特別の支援を必要とする児童等に対する支援内容・方法に関する支援・助言を行うことを目的として、教育委員会・学校等に配置された専門的知識を有する指導主事・教員等を指します。

【役割】

○対象となる児童等や学校の教育的ニーズの把握と支援内容・方法に関する助言

○校内における教育支援体制づくりへの助言

○個別の教育支援計画等の作成への協力

○専門家チームと学校の連携の補助

○校内での実態把握の実施に関する助言　等

専門家チーム：各学校に対して、児童等の障害による困難に関する判断、望ましい教育的対応等についての専門的意見を示すことを目的として、教育委員会等に設置された組織のことを指します。

【役割】

○障害による困難に関する判断

○児童等への望ましい教育的対応についての専門的意見の提示

○校内における教育支援体制についての指導・助言

○保護者、本人への説明

○校内研修への支援　等

(4) 学校内の児童等の実態把握と情報収集の推進

　子どもの学習上または生活上の困難な状態に気づくのは、子どもを直接指導する学級担任や教科担任となることから、学級担任や教科担任の早期の気づきや子どもに関する情報を集約できるシステムを学校内に構築する必要があります。そのため、学級担任や教科担任が子どもの学習上または生活上の困難な状態を早期に気づくために、特別支援教育に関する校内研修を設定することが重要です。

　また、特別支援教育コーディネーターは、学校内の支援体制の状況だけでな

く、校内研修の内容についての教職員の希望なども考慮しながら、適切な校内研修を企画することが重要です。

3. 保護者連携と支援

特別な教育的ニーズのある子どもを早期から支援することは、子どもの自立や社会参加に影響を与えるとともに、保護者の支援にもつながります。子育てに関するストレスを抱えている保護者が多いといわれており、保健師や療育機関、幼稚園、保育所、認定こども園、学校等による相談が行われています。

医療機関等で障害が発見されてから保健、福祉、教育等の関係機関への移行時、あるいは、幼稚園、保育所、認定こども園、障害児通所支援施設等から小学校や特別支援学校小学部への移行時等、支援の主体が変更になる際には、子ども本人と保護者に対して、それまでの支援の継続はもちろん、よりよい支援となるよう努めることが必要です。

学校では、特別支援教育コーディネーターが保護者との相談窓口となり、学校内の支援体制や子どもへの支援内容について理解を得ることが重要です。

また、学級担任は対象となる子どもの情報共有を保護者と日頃からする必要があります。子どもの見方は各保護者で異なることから、保護者の考え方に寄り添いながらも子どもの実態を伝える必要があります。

個別の教育支援計画を作成するにあたっては、関係機関との連携が必要なことから、保護者の同意を得る必要があります。保護者の願いや思いを十分に汲み取り、保護者との信頼関係を構築したうえで個別の教育支援計画を作成することが重要です。学校における支援内容や方法を保護者へ伝えるだけでなく、家庭の様子を聞き取りながら、学校、家庭におけるそれぞれの役割を認識し、支援内容や方法を検討することが必要です。

●引用・参考文献

中央教育審議会初等中等教育分科会.（2012）. 共生社会の形成に向けたインクルーシブ教育システム構築のための特別支援教育の推進（報告）.
厚生労働省.（2002）. 障害者基本計画.

文部科学省．(2017)．中学校学習指導要領.

文部科学省．(2017)．発達障害を含む障害のある幼児児童生徒に対する教育支援体制整備ガイドライン〜発達障害等の可能性の段階から，教育的ニーズに気付き，支え，つなぐために〜.

文部科学省．(2017)．小学校学習指導要領.

文部科学省．(2017)．小学校学習指導要領解説総則編.

文部科学省．(2018)．高等学校学習指導要領.

文部省．(1999)．盲学校，聾学校及び養護学校小学部・中学部学習指導要領.

子どもと教員のキャリア発達支援

杉中 拓央

1.「キャリア」とは

皆さんは「キャリア」と聞いて、どのようなことを思い浮かべますか?

仕事のキャリアアップなどを想像されるかもしれません。しかし、キャリアアップというのは和製英語で、本来のキャリアにはアップもダウンもないのです。

「キャリア」の語源はラテン語のcarrusであり、それが転じて、イタリア語のcarriera、フランス語のcarriereとなりました。これには「通り道」「コース」「轍(車輪の跡)」という意味があります。

舗装されていない道についた、いく筋もの車のタイヤの跡を想像してみてください。みんな、同じ方向に向かってはいますが、直進したり曲がったり、完全に重なるものはないと思います。子どもの人生、皆さんの人生もこれと同じですね。ここでは「キャリア=その人らしくあるための生き方」、それを深めることが「キャリア発達」だと考えてください。

キャリア発達の概念は「過去・現在・未来の時間軸の中で、社会との相互関係を保ちつつ、自分らしい生き方を展望し、実現していく力の形成の過程」(菊池, 2012) と定義されています。また渡辺ら (2007) は、キャリアには「①人と環境との相互作用の結果」「②時間の流れ」「③空間的広がり」「④個別性」という4つの要素があり、それぞれが相互に関連し合うことを指摘しています。

2. 特別支援教育におけるキャリア

井の中の蛙なんとやら……という諺があります。誰しも、あるヒトやモノ、コトとの巡り合いによって、それまで自分の中では当たり前と思っていた常識が覆されたり、目の前の視界がぱっと開けたりといった経験は大なり小なりあ

るのではないでしょうか。もしかすると、将来の選択肢や、もっとよいやり方は他にもあるはずなのに、当人の価値観では思いあたらず、気づいていないだけかもしれないのです。すなわち、新たな役割や出会い、異なる考え方に触れる機会を創出することは、子どもにとって時間の流れ（例：過去―現在―未来を踏まえての将来展望）や空間的広がり（例：役割の増加、活動範囲の拡大）をもたらし、自分が何者であるのかを知る機会を広げていくことになるといえます。

このことを、各教科や特別活動、課外活動の中で体験・言語化し、より自分らしい生き方を構築・表現できるように支援することが、学校教育における「キャリア教育」であり「キャリア発達支援」です。令和2（2020）年度より、順次スタートした小・中学校等及び特別支援学校の新学習指導要領の総則には「児童又は生徒の調和的な発達を支える指導の充実」の箇所に「児童又は生徒が、学ぶことと自己の将来とのつながりを見通しながら、社会的・職業的自立に向けて必要な基盤となる資質・能力を身に付けていくことができるよう、特別活動を要としつつ各教科等の特質に応じて、キャリア教育の充実を図ること」という文言が示されています（文部科学省, 2017）。

キャリア発達を促す教育について、菊地（2013）は、各教科において示されている内容を児童生徒が履修し、知識として身につけるようにするだけでなく、教科ごとの特徴を踏まえながら「生きる力」の育成に結びつくよう留意して取り扱う必要があることに触れています。さらに菊地は、国語科を例にとって、自分の意思の表現や、他者の考えの推察など、すべての授業につながるコミュニケーションの能力を培うことが、キャリア発達を促すうえで重視される言語化・文字化による「振り返り」の力を育てることを指摘しています。

また、各教科にキャリアの要素を「注入」するInfusion（Hoyt & Shyro, 1987）の概念も有効でしょう。例えば、保健体育の団体競技を通して、仲間の大切さやルールの大切さを知るということや、理科で学習する内容に関連づけて、さまざまな職業との関係を知ることなどです。職場体験やボランティア活動など、地域社会との連携も大切になります。史実や既成の事実を教える科目であっても、もしあなただったらどうしますか、という視点を加えていくこと

で、当事者意識が生まれ、キャリア教育と関連づけることができます。

　特別な教育的ニーズをもつ子どもは、障害の影響によって、ともすれば他との交流をもちにくかったり、情報の入力が制限されていたり、ということがあります。そうした子どもは、新しい考えに触れにくく、手元にあるわずかな選択肢をもとに将来を決定しなければなりません。あるいは、決められないという子どももいるでしょう。それは、もしかすると本人の思いや願い、ありたい姿とはかけ離れているかもしれません。けれども、授業にヒントがちりばめられていれば、子どもの鋭い感性で、誰も思いつかない、誰も知らないやり方を見つけ出すかもしれません。そんな彼らに対して、自分の考えの幅を広げる機会を創出するのが、キャリア教育、キャリア発達支援といえます。

3. 教員のキャリア発達

　私たち大人の「あり方」や「生き方」は子どもたちに影響を与えますが、特に身近な人から学ぶことが多い障害のある子どもたちにとって、人生の先輩でもある教師の存在は大きいものです（清水, 2018）。キャリア発達が必要であるのは、子どものみならず、私たち大人も同じことなのです。私たちははたして、世の中のことをどれだけ知っているでしょうか。確かに、教員免許状をもった、教育のプロフェッショナルであるのかもしれません。しかしながら、それで全部なのでしょうか？　世界はそこで行き止まりでしょうか？　自らの経験を信じるあまり、何か見落としていることはありませんか？　教室の子どもたちから新しいことを学び、自身の考え方をたえず再構築し、還元していく。すなわち、教員のキャリア発達もまた、特別支援教育に不可欠なものといえるでしょう。

●引用・参考文献

Hoyt, K. B., & Shyro, R. S. (1987). *Career education in transition: Trends and implications for the future.* ERIC Clearinghouse on Adult. Career, and Vocational Education. Columbus: Ohio State University.

菊地一文（編著）. (2013). 実践 キャリア教育の教科書——特別支援教育をキャリア発達の視点で捉え直す. 学研プラス.

菊池武剋. (2012). キャリア教育. 日本労働研究雑誌, *621*, 50-53.

文部科学省. (2017). 新学習指導要領.

清水潤. (2018). 育成を目指す資質・能力とキャリア発達. キャリア発達支援研究会（編著），キャリア発達支援研究5 未来をデザインし可能性を引き出すキャリア発達支援（pp. 24-29）. ジアース教育新社.

渡辺三枝子・大庭さよ・藤原美智子. (2007). キャリアの心理学に不可欠の基本. 渡辺三枝子（編著），新版 キャリアの心理学――キャリア支援への発達的アプローチ（pp. 1-22）. ナカニシヤ出版.

索 引

● 著者紹介（50音順）

呉 栽喜（おう じぇひ）

大東文化大学文学部教育学科 教授
担当：編集、第10章

専門は保健福祉学。東京大学大学院医学系研究科国際保健学専攻発達医
科学教室修了。博士（保健学）。東京福祉大学等を経て現職。

学校の学びにおいて子どもが自分を大切な存在であると認識できることは重要です。言
語や文化の違いから学びに困難を抱える子どもたちについて考えてみましょう。

奥村 真衣子（おくむら まいこ）

信州大学学術研究院教育学系 助教
担当：第3章、コラム③

筑波大学大学院人間総合科学研究科障害科学専攻博士後期課程単位取得
満期退学。修士（障害科学）。独立行政法人日本学生支援機構学生生活部
障害学生支援課コーディネーター、筑波大学DACセンター研究員等を経
て現職。臨床発達心理士。公認心理師。

子どもたち一人一人が「学校が楽しい」と思える授業づくりのエッセンスを特別支援教
育で学びましょう。

加藤 松次（かとう しょうじ）

埼玉東萌短期大学幼児保育学科 非常勤講師
担当：コラム②、コラム④

帝京大学大学院文学研究科修了。修士（文学）。県総合教育センター教育
相談員、県立高等学校定時制・通信制課程教諭、小田原短期大学保育学
科通信教育課程准教授等を経て、現職。学校心理士SV。

将来、教員として特別支援教育を行うみなさんに少しでも現場の雰囲気を感じてもらえ
たらと思います。

菊地 一文（きくち かずふみ）

弘前大学大学院教育学研究科 教授
担当：第7章

弘前大学大学院教育学研究科修了。修士（教育学）。国公立特別支援学校
教諭、独立行政法人国立特別支援教育総合研究所主任研究員、青森県教
育庁指導主事、植草学園大学准教授等を経て現職。特別支援教育士SV。

「教える」ということは、その対象から「学ぶ」ということでもあります。障害のある
児童生徒一人一人の「思い」や「願い」の理解に努め、共に学んでいきましょう。

小林 章（こばやし あきら）

社会福祉法人日本点字図書館生活支援部 相談員・歩行訓練士
担当：第4章
日本社会事業大学社会福祉学部社会事業学科卒業。学士（社会学）。国立身体障害者リハビリテーションセンター（現・国立障害者リハビリテーションセンター）・ケースワーカー、生活訓練専門職、学院視覚障害学科教官、主任教官を経て退官。その後、現職。

教育の現場だからこそできる発達と教育の支援を考え、実践していきましょう。

酒井 貴庸（さかい たかのぶ）

甲南女子大学人間科学部心理学科 准教授
担当：第2章
筑波大学大学院人間総合科学研究科障害科学専攻博士後期課程単位取得満期退学。修士（臨床心理学）。児童心理治療施設バウムハウス・山の上こどもクリニック心理士、日本学術振興会特別研究員、名古屋大学大学院教育発達科学研究科特任助教を経て現職。臨床心理士。公認心理師。

子どもが苦手意識をもつことにも挑戦し、得意としていることを伸ばす支援のために、本書で得た知識を活用してください。

坂本 征之（さかもと まさゆき）

横浜市立北綱島特別支援学校 校長
担当：第12章
帝京大学文学部教育学科卒業。学士（教育学）。身体障害者入所授産施設・知的障害者通所授産施設職員、横浜市立特別支援学校教諭（肢体不自由・知的障害）、独立行政法人国立特別支援教育総合研究所主任研究員、横浜市立特別支援学校副校長を経て現職。

時代の大きな転換期である「いま」、思考を転換し試行錯誤し、新たな時代の特別支援教育を創造しましょう。

志磨村 早紀（しまむら さき）

武蔵野大学人間科学部人間科学科専攻科（言語聴覚士養成課程） 助教
担当：第6章、コラム⑤
武蔵野大学大学院人間社会研究科人間学専攻言語聴覚コース修了。修士（言語聴覚学）。早稲田大学障がい学生支援室障がい学生支援コーディネーター、東京大学先端科学技術研究センター学術専門職員等を経て、現職。言語聴覚士。

「きこえ」は目に見えないものですが、だからこそ想像力を膨らませ、相手の立場に立って考えられるように心がけていきましょう。

杉中 拓央（すぎなか たくお）

東北文教大学人間科学部子ども教育学科 准教授
担当：編集、第1章、第5章、コラム①、コラム⑧
筑波大学大学院人間総合科学研究科障害科学専攻博士後期課程単位取得
退学。博士（障害科学）。独立行政法人国立特別支援教育総合研究所研究
支援員、日本学術振興会特別研究員、早稲田大学人間科学学術院助手、小
田原短期大学保育学科専任講師等を経て現職。学校心理士。

「その人のみている世界」をたえず想像しながら、楽しく学びましょう。

鈴木 祥隆（すずき よしたか）

岐阜大学教育学部特別支援教育講座 助教
担当：コラム⑥
筑波大学大学院人間総合科学研究科修士課程障害科学専攻修了。修士（障
害科学）。早稲田大学人間科学部eスクール教育コーチ（非常勤）、子ども
発達センター非常勤職員、看護学校非常勤講師を経て、現職。

障害のある子どものきょうだいについて考えるきっかけになれば幸いです。

高石 啓人（たかいし あきと）

日本大学文理学部社会福祉学科 助教
担当：第11章、コラム⑦
早稲田大学大学院文学研究科博士後期課程単位取得退学。博士（文学）。
町田市教育委員会スクールソーシャルワーカー、早稲田大学人間科学学
術院助手等を経て現職。社会福祉士。精神保健福祉士。

子どもの問題行動を考えるときには、表面的な行動だけではなく、背後にひそむ問題も
学んでほしいと思います。

藤川 雅人（ふじかわ まさひと）

島根大学教育学部特別支援教育専攻 准教授
担当：第13章
筑波大学大学院人間総合科学研究科博士後期課程生涯発達科学専攻修了。
博士（生涯発達科学）。青森県立特別支援学校教諭等を経て現職。

特別な教育的ニーズのある子ども一人一人に応じた適切な指導及び必要な支援について
考えていきましょう。

松浦 孝明（まつうら たかあき）

国士舘大学文学部教育学科 准教授
担当：編集、第8章、第9章
筑波大学大学院体育学研究科修了。修士（体育学）。筑波大学附属桐が丘
特別支援学校教諭を経て、現職。

自分自身が支援を必要とする子どもと同じ立場にいることを想像して学びを深めてくだ
さい。

● イラスト作成（章・コラム末尾）

江木 楓・尾身 奈名（東京こども専門学校）

教職をめざす人のための特別支援教育
──基礎から学べる子どもの理解と支援

2021年5月10日　初版第1刷発行
2024年9月30日　　　第3刷発行

編著者　　杉 中 拓 央
　　　　　呉　　栽 喜
　　　　　松 浦 孝 明

発行者　　宮 下 基 幸

発行所　　福村出版株式会社
　　　　　〒104-0045　東京都中央区築地4-12-2
　　　　　電　話　03(6278)8508
　　　　　ＦＡＸ　03(6278)8323
　　　　　https://www.fukumura.co.jp

装　丁　　臼井弘志（公和図書デザイン室）

印　刷　　株式会社文化カラー印刷

製　本　　協栄製本株式会社